Karl Werner

Die Psychologie des Wilhelm von Auvergne

Karl Werner

Die Psychologie des Wilhelm von Auvergne

ISBN/EAN: 9783743694941

Hergestellt in Europa, USA, Kanada, Australien, Japan

Cover: Foto ©berggeist007 / pixelio.de

Weitere Bücher finden Sie auf **www.hansebooks.com**

DIE PSYCHOLOGIE

DES

WILHELM VON AUVERGNE.

VON

PROF. D^R. K. WERNER

CORR. MITGLIEDE DER K. AKADEMIE DER WISSENSCHAFTEN.

WIEN, 1873.

IN COMMISSION BEI KARL GEROLD'S SOHN

BUCHHÄNDLER DER KAIS. AKADEMIE DER WISSENSCHAFTEN.

Aus dem Februarhefte des Jahrganges 1873 der Sitzungsberichte der phil.-hist. Classe der kais. Akademie der Wissenschaften (LXXIII. Bd., S. 257) besonders abgedruckt.

Die Psychologie des Wilhelm von Auvergne.

Von

Prof. Dr. K. Werner,

correspondirendem Mitgliede der k. Akademie der Wissenschaften.

Wilhelm von Auvergne, ein berühmter Lehrer der Pariser Hochschule und nachmaliger Bischof von Paris (anno 1228 bis 1248), daher er auch unter der Benennung Wilhelm von Paris erscheint, gehört nach seiner geschichtlichen Stellung in der Entwickelung der mittelalterlichen Scholastik jener Epoche an, welche dem Auftreten Albert's des Grossen und der theologischen Summisten des 13. Jahrhunderts unmittelbar vorhergeht. Wenn in den Summisten oder theologichen Systematikern dieses Jahrhunderts Aristoteles zur vollkommenen Herrschaft in der Schule gelangte, so zeigt sich bereits Wilhelm so weit vom Einflusse desselben beherrscht, dass er, obschon keineswegs selber schon Aristoteliker, doch vielfach bereits peripatetische Sprechweise annimmt, und mit den Aristotelikern seines Zeitalters sich umständlich auseinanderzusetzen veranlasst sieht. Ueber den Grad und Umfang seiner Bekanntschaft mit Aristoteles und den arabischen Aristotelikern finden sich die urkundlichen Nachweisungen in der von A. Stahr übersetzten Schrift Jourdain's über die mittelalterlichen lateinischen Uebersetzungen des Aristoteles;[1] über seine Universalienlehre hat am ausführlichsten Haureau[2] berichtet. Für das bedeutendere seiner

---

[1] Geschichte der aristotelischen Schriften im Mittelalter. Halle 1831. S. 271–280.
[2] De la philosophie scolastique. Paris 1850. Tom. I, pag. 441–455.

Werke hat von jeher seine Schrift de Universo gegolten,[1] von welcher Daunou, einer der Mitverfasser der Histoire littéraire de la France eine ausführliche Inhaltübersicht gibt;[2] charakteristische Proben aus ihr sind auch in Tiedemann's Geschichte der Philosophie ausgehoben.[3] Nächst dieser Schrift hat eine andere minder umfangreiche, aber noch immerhin ausführlich genug gerathene: de anima,[4] auf allgemeineres Interesse Anspruch, sofern sie für die Geschichte der Psychologie im christlichen Mittelalter von Belang ist; und diess nicht bloss darum, weil sie die Reihe der seit Tertullian und Augustin im patristischen Zeitalter, und weiter seit Alcuin im früheren Mittelalter speciell der Seelenlehre gewidmeten Schriften fortsetzt, sondern auch, weil sie neben dem Eigenthümlichen, das sie enthält, ein ziemlich genaues Bild von der Gestalt und Beschaffenheit der sogenannten rationalen Psychologie des scholastischen Mittelalters unmittelbar von deren vollkommener Durchsetzung mit aristotelischen Anschauungen darbietet. Wir werden in der Analyse ihres Inhaltes nicht ermangeln, auch nach rückwärts und vorwärts vergleichende Blicke zu werfen, um die Beleuchtung desselben für die Geschichte der mittelalterlichen Psychologie so viel als thunlich nutzbar zu machen.

Wilhelm theilt seine Schrift de anima in sieben Hauptabschnitte (Capitula), in welchen er von der Existenz und Wesenheit der Seele, so wie vom Verhältniss derselben zum Leibe, von der Einheit, vom Ursprunge, von der Unsterblichkeit und von der intellectiven Begabung des menschlichen Seelenwesens handeln will. Die Capitula oder Hauptabschnitte zerfallen wieder in Partes oder Einzelnummern, deren grösste Zahl der von der Unsterblichkeit handelnde sechste Hauptabschnitt aufweist. Auch die Capitula über den Seelenursprung und über das intellective Leben der Seele sind mit verhältnissmässig grosser Ausführlichkeit bearbeitet. Der Deutlichkeit

---

[1] Enthalten in der Gesammtausgabe seiner Werke. (Orleans und Paris 1674. 2 Bde. Fol. Tom. I. p. 593—1074.

[2] Hist. litt. de la France. Tom. XVIII. p. 368—376. Vgl. auch Franck's Dictionnaire des sciences philosophiques (Artikel: Guillaume de Paris). Tom. II. p. 642.

[3] Geist der speculativen Philosophie. Bd. IV. S. 316—358.

[4] Guilelmi Alverni Opp. Tom. II, Pars II, p. 65—228.

halber bemerken wir, dass wir im Nachstehenden die Capitula
mit römischen Zahlzeichen, die Partes mit arabischen Ziffern
citiren werden.

Wilhelm von Auvergne knüpft den Nachweis der Existenz
der Menschenseele an die Begriffsbestimmung der Seele, die
er [1] gemäss der ihm vorliegenden arabisch-lateinischen Ueber-
setzung des aristotelischen Werkes περὶ ψυχῆς [2] definirt als Per-
fectio corporis physici organici potentia vitam habentis. Aus
dieser Begriffsbestimmung, die für jedes Lebendige und Be-
seelte gilt, folgert Wilhelm unmittelbar, dass der Mensch ohne
Seele nicht gedacht werden könne. Der Mensch ist wesentlich
ein Lebendiger, da eine Leiche kein Mensch mehr ist; der
menschliche Körper hat sonach das Leben von der Seele oder
ist in Kraft seiner Seele ein Lebendiger; also ist es undenkbar, dass der Mensch ohne Seele sei. Die Seele verleiht dem
Menschen das Menschsein; [3] wer sonach die Existenz der Menschenseele läugnet, spricht dem Menschen das Menschsein ab, [4]
und kann ohne gröbsten Widerspruch dasselbe nicht für sich
selbst in Anspruch nehmen. Er versündigt sich gegen die aller-
unmittelbarste und einfachste Denkwahrheit, dass man Ein und
Dasselbe unter dem einen und selben Gesichtspunkte nicht zugleich bejahen und verneinen könne. Der Läugner der Seele
ist demnach zu fragen, ob er die Giltigkeit dieser einfachsten, unmittelbar durch sich selber einleuchtenden Denkwahrheit einsieht
und zugibt; behauptet er sie nicht einzusehen und will er sie
nicht zugeben, so zeigt er sich als ein verstandloses Wesen,
mit dem sich gar nicht mehr verhandeln lässt. Wenn er aber
jenes erste und elementarste Gesetz alles Denkens zwar zugibt, aber seine Anwendbarkeit auf den in Rede stehenden
Fall läugnet, so hat man ihn zu fragen, ob das Wissen und
Verstehen, das ihm nach seiner innersten Ueberzeugung eigen
ist, in ihm als Ganzem, oder nur in einem Theile seiner selbst
sei. Behauptet er, es sei in ihm als Ganzem, so muss es in
jedem Theile dieses Ganzen, also auch in der Hand und im

---

[1] De anima I, 1.
[2] Vgl. Jourdain a. a. O., S. 273.
[3] De an. I, 2.
[4] De an. I, 3.

Fusse, in Fingern und Zehen sein. Wer aber hat je sein Erkennen und Verstehen seinen Fingern und Zehen beigelegt? Also ist es in ihm nicht als Ganzem, sondern muss einem bestimmten Theile des Ganzen specifisch eignen. Soll dieser Theil ein Theil vom Körper sein, so erscheint abermals die schon abgewiesene Widersinnigkeit, dass entweder Hand oder Fuss, oder sonst ein Glied an ihm denke und verstehe. Also muss dasjenige, dem als solchem das Denken und Verstehen zukommt, etwas vom Leibe Verschiedenes, Unkörperliches sein.

Fragen wir uns, was wir von dieser einen heutigen Leser ziemlich seltsam anmuthenden Einleitung und Grundlegung der psychologischen Erörterungen Wilhelms in methodischer und sachlicher Hinsicht zu halten haben. Wir werden uns in beiderlei Hinsicht die grosse Unvollkommenheit derselben nicht verhehlen dürfen. Nicht in methodischer Hinsicht; denn wenn es zum Begriffe der Seele gehört, den Menschen zum Menschen zu machen, so ist es ja völlig überflüssig, beweisen zu wollen, dass der Mensch eine Seele habe, weil dies nichts anderes heisst, als beweisen wollen, dass der Mensch wirklich Mensch sei. Es ist aber weiter auch die Frage, ob durch die vorstehende Ausführung jener Begriff der Seele erwiesen sei, dessen Erweisung Wilhelm sich im Voraus zum Zwecke setzte. Freilich, wenn Alles, was ausser der crassen Stofflichkeit als solcher an und im Menschen ist, Seele ist oder zur Seele in unlöslicher wesentlichster Beziehung steht, so ist durch das Gesagte erwiesen, nicht nur, dass der Mensch eine Seele habe, sondern auch, dass sie sowohl Lebensprincip des stofflichen Leibesgebildes, als auch Denk- und Willensprincip im lebendigen Menschen sei. Dass sie aber diess Alles als eine vom stofflichen Leibesgebilde wesenhaft verschiedene unstoffliche Realität sei, ist nicht erwiesen; und für Wilhelm erzeugt sich der Schein, es bewiesen zu haben, nur durch die höchst rohe Fassung des Leibes als blosser Stoffmasse, als blossen Körpers, was auch der Stein und der Metallklump ist. Dass der menschliche Leib schon als organisches Gebilde etwas Mehreres, denn eine blosse Stoffmasse sein müsse, ist ein ihm, und wohl überhaupt seinem Zeitalter fremder Gedanke; er weiss wohl, dass die organischen Gebilde belebt seien, nicht aber, dass das Organische seinem Begriffe nach das Lebendige sei. Ihm hat das Organische einzig die Bedeutung des Werkzeuglichen; demzufolge folgert er aus der organischen Bildung des Leibes einzig nur seine dienstliche Bestimmung für eine ihm einwohnende Seele. Kein Instrument, sagt Wilhelm,[1] gebraucht und regiert sich selber, sondern wird durch einen das Instrument Handhabenden gebraucht und regiert; also ist die Seele etwas von dem durch sie gebrauchten und regierten Leibe wesenhaft Verschiedenes. Consequenter Weise behauptet demnach Wilhelm auch von den Thier- und Pflanzenseelen, dass sie von den Thier- und Pflanzenkörpern verschiedene Substanzen seien,[2] die natürlich im Gegensatze zur Stofflichkeit der von ihnen beseelten Körper als spirituelle Substanzen gedacht werden müssen. Hier stellt sich nun folgerichtig das Dilemma ein, dass entweder diese spirituellen Substanzen als unsterblich gedacht werden müssen, oder dass es neben unsterblichen Geistern auch vergängliche Geistsubstanzen gebe. Wilhelm entscheidet sich für die leztere Alternative, deren Festhaltung jedoch zu der Annahme nöthigt, dass jene vermeintlichen Geistsubstanzen der Thier- und Pflanzenseelen doch nicht in strengstem Sinne geistig und immateriell sondern nur geistartig und quasi-immateriell seien, weil sie sonst nicht als auflöslich gedacht werden könnten. Wird aber die Möglichkeit solcher Substanzen zugegeben, so sieht man nicht ein, wesshalb nicht eben so gut zugegeben werden sollte, dass die Materien der Thier- und Pflanzenkörper innerlich bis zu dem Grade verfeinert und gleichsam vergeistiget werden könnten, dass an ihnen die Functionen der Irritabilität und Sensibilität hervortreten. Diese Verfeinerung und Quasivergeistigung des Körperlichen vollzieht sich eben durch Umsetzung der groben Stofflichkeit in organische Leiblichkeit; wobei freilich ein dem Stoffe eingesenktes plastisches Princip supponirt werden muss, welches jedoch keine andere, denn eine rein gedankenhafte Realität hat und eben nur den in den Stoff projicirten und in demselben sich verwirklichenden Wesensgedanken des Dinges bedeutet. Dieser Wesensgedanke eines bestimmten einzelnen Sinnendinges ist aber nur ein einzelnes Moment im Gedankensysteme der gesammten sichtbaren Naturwirklichkeit, und daher aus seinem Zusammenhange mit der

---

[1] De an. I, 3.
[2] De an. I, 5.

Idee des Naturganzen zu verstehen; diese Idee aber ist, wie ihre Verwirklichung im Naturganzen und in allen Sondersphären und Sondertheilen dieses Ganzen bekundet und offenbart, als eine lebendige Macht zu fassen, die den Stoff nach sich gestaltet und durch ihre Gestaltungsfähigkeit die Lebendigkeit desselben nach allen denkbaren Arten und Graden dieser Lebendigkeit bedingt und hervorbringt. Beim Menschen tritt an die Stelle der organisirenden Naturmacht ein selbstiges Personsprincip, an die Stelle der unpersönlichen Idee eine persönliche geistbegabte Seele, die im organisationsfähigen Stoffe sich selbst abgestaltet, während in jedem anderen organischen Lebewesen nur ein unpersönlicher Artbegriff sich verwirklichet,[1] welcher der Idee des organischen Naturganzen als constitutives Theilglied eingefügt ist. Der Mensch ist wohl auch, von Seite seiner sinnlich-stofflichen Leiblichkeit angesehen, ein blosses Theilglied des Naturganzen, behauptet aber nicht nur in Anschung der vollkommenen und ebenmässigen Durchbildung seines leiblichen Organismus die höchste Stufe in der sinnlichen Erscheinungswelt, sondern stellt sich zufolge des mikrokosmischen Charakters seines von einer geistbegabten Seele durchgeisteten leiblichen Organismus als sublimirte Recapitulation des sichtbaren Weltganzen und als der sichtbare Anfang einer neuen höheren Geistordnung über und auf dem Grunde der sichtbaren Naturordnung dar, wodurch er schlechthin und für immer über die rein sinnliche Lebewelt emporgehoben ist.

Diess sind Anschauungen und Gedanken, deren vollkommene speculative Entwickelung über den Horizont der speculativen Scholastik entschieden hinausgreift, obschon sich in letzterer Anknüpfungspunkte hiefür darbieten, aber nur nicht in

---

[1] Die in der Gegenwart so lebhaft ventilirte Frage, ob es in der lebendigen Naturwirklichkeit einen festbegrenzten Artbegriff gebe, der in einen anderen nicht hinübergebildet werden könne, ist zunächst wohl nur ein naturwissenschaftliches Problem; vom Standpunkt einer speculativen Idealphilosophie aber wird gesagt werden müssen, dass einzig die Menschenform, die höchste und durchgebildetste aller Formen der Sichtbarkeit eine inalterable, bleibende Form sei, während die ihr subordinirten Wesens- und Lebensformen sämmtlich dem veränderlichen Wechsel alles Vergänglichen anheim gegeben sind. Sie sind eben keine Idealtypen, sondern einfach nur Projectionen der im Stoffe sich verwirklichenden Naturidee.

der durch Wilhelm und seine Vorgänger vertretenen Entwickelungsepoche derselben, sondern in jener, in deren Anfänge die Lebenszeit Wilhelms noch hineingreift, ohne dass er bereits selber in eine thätige Mitwirkung mit den Bestrebungen derselben hineingezogen worden wäre. Wilhelm reflectirt in seinen Grundanschauungen über das Wesen des Menschen und der Menschenseele einfach jene der augustinischen Psychologie, von der man sagen kann, dass sie durch das ganze frühere Mittelalter bis in's 13. Jahrhundert herab die herrschende blieb; von da an substituirte sich ihr unter den nöthigen sachgemässen Modificationen die aristotelische, in deren Terminen theilweise wohl auch schon Wilhelm redete, in ihren Gedankengehalt aber nicht einging. Ohne gegen die wesentlichen Mängel der scholastisch-aristotelischen Psychologie blind zu sein, wird man doch nicht verkennen dürfen, dass die Hinwendung von der augustinisch-platonischen Behandlung der Seelenlehre zur scholastisch-aristotelischen einen Fortschritt in der methodischen Behandlung der Probleme der Psychologie begründete, indem denn nunmehr nicht bloss die verschiedenen Arten der seelischen Functionen und die verschiedenen Stufen der seelischen Lebensentwickelung einer sorgfältigeren und distincteren Untersuchung unterzogen, sondern auch das Somatische als solches und als Unterlage der seelischen Lebensentwickelung genauer in Betracht gezogen wurde. Es war eine Reaction gegen den abstracten unvermittelten Dualismus von Geist und Materie, der durch die scholastisch-aristotelische Psychologie freilich nicht innerlich und speculativ überwunden wurde, und daher nach dem grundsätzlichen Bruche mit der Scholastik sofort im Cartesianismus wieder auflebte; er wurde jedoch im scholastischen Peripatetismus insofern gemildert und gleichsam überbrückt, als die Seele unter den Begriff der den gestaltungsbedürftigen Stoff complirenden Form gefasst, und weiter auch die verschiedenen Grade der stets höher gesteigerten Formation des Stofflichen durch die aufeinanderfolgenden Stufen der seelischen Lebensthätigkeit aufgewiesen wurden. Bei solcher distincten Auseinanderhaltung dieser Stufen konnte es den peripatetisch geschulten Scholastikern nicht in den Sinn kommen, durch Aufweisung eines von der crassen Stofflichkeit des Leibes zu unterscheidenden Lebensprincipes unmittelbar auch schon die Existenz und Wesenhaftigkeit der im Menschen denkenden Seele aufgewiesen zu haben; die Rücksicht auf die Lehren der arabischen Aristoteliker legte ihnen die Nöthigung auf, umständlich und ausführlich zu erweisen, dass diejenigen Begabungen, welche den Unterschied des Menschen von den blossen Sinnenwesen begründen, dem Menschenwesen als solchem eigen seien und zur Natur desselben gehören, dass also die menschliche Seele neben der Fähigkeit des sinnlichen Vorstellens auch jene des Denkens und Verstehens wesentlich zu eigen habe. Wenn Averroes (Ibn Roschd) von einem Gesammtverstand der Menschheit sprach, der in allen Einzelnen denke, so hatten ihm gegenüber die christlichen Aristoteliker den Intellect als ein allen Einzelnen wesenhaft eignendes Vermögen zu erweisen: behauptete Avicenna (Ibn Sina), dass der Intellect den Einzelseelen zwar der Möglichkeit nach eigne, diese Möglichkeit aber durch die aus dem höchsten Urwesen ausgeflossene Intelligentia prima actuirt werden müsse, so hatten dem gegenüber die christlichen Aristoteliker zu erweisen, dass der der menschlichen Seele eignende Intellect aus selbsteigener Kraft sich actuire, und den in den recipirten Vorstellungen latirenden Geistgehalt aus denselben hervorziehe. Hiebei kam aber den peripatetischen Scholastikern, zufolge der sich ihnen aufdringenden Nothwendigkeit, das selbstthätige Erkenntnissleben der Menschenseele auf Grund ihres sinnlichen Vorstellungslebens sich actuiren zu lassen, die Angewiesenheit der intellectiven Menschenseele an ihre Verbindung mit dem ihr eignenden Leibe, und der darin begründete Stufenunterschied der Menschenseele von den leiblosen oder reinen Intelligenzen sehr lebhaft und eindringlich zum Bewusstsein, obwohl sie, einem vollkommen selbstständigen speculativen Verfahren abhold, nicht bis dahin vordrangen, die Menschenseele für etwas von den sinnlich erkennenden Naturwesen und den leiblosen Intelligenzen specifisch verschiedenes Drittes zu fassen — ein Schritt, von welchem sie schon ihr Festhalten an der auf aristotelischer Grundlage angenommenen Vorstellung einer gradlinig aufsteigenden Stufenleiter vom Niedersten bis zum Höchsten, von der irdischen Materie bis zu Gott hinan abhielt. Jedenfalls aber war durch die graduelle Location der Menschenseelen unter die Engel der von Augustinus ausgesprochene Gedanke

einer Wesensgleichheit der Menschenseelen mit den höheren
Geistern [1] entschieden abgelehnt, und damit auch eine wesentlich andere Auffassung und Behandlung der Fragen und Probleme intonirt, wie wir des Näheren sofort ersehen werden.
Die augustinische Psychologie steht im Gegensatze zur
aristotelischen wesentlich auf platonischem Standpunkte, womit
natürlich nicht eine Identität der augustinischen Psychologie
mit der platonischen, sondern nur die allgemeine Richtung der
ersteren bezeichnet werden will. Die augustinische Psychologie
zeigt sich mit der platonischen verwandt, sofern sie mit Vorliebe den gottverwandten Zügen des menschlichen Seelenwesens
nachforscht, so dass sich ihr das gottverwandte Wesen der
menschlichen Seele als Hauptgegenstand der psychologischen
Betrachtung in den Vordergrund stellt, und alles Andere, was
die rationelle Psychologie sonst noch in den Kreis ihrer Erörterungen zu ziehen hat, fast nur als Vorbedingung der richtigen Erkenntniss dessen, was die Seele nach ihrer gottverwandten Seite ist, erscheint. Dabei betont sie im Gegensatze
zu der von den scholastischen Peripatetikern urgirten Mittelbarkeit des seelischen Selbsterkennens die Unmittelbarkeit dieses
Erkennens, und bezeichnet die selbsteigene Seele des Menschen
als das seinem Erkennen nächstgelegene, und zufolge ihrer
Geistigkeit zugleich weit heller und klarer als die sinnliche
Körperwelt, erkennbare Object. Dieser Charakter verblieb der
christlichen Psychologie während der ganzen früheren Hälfte
des Mittelalters, und tritt auch in den psychologischen Erörterungen Wilhelms trotz ihrer Versetzung mit den in der peripatetisch gewordenen Scholastik üblichen Digressionen und
Untersuchungen deutlich genug hervor. Die menschliche Seele
erkennt sich, sagt Wilhelm,[2] aus ihren Handlungen, Stimmungen und Thätigkeiten nicht nur eben so genau, als man
den Sokrates oder einen anderen Menschen an den seine Person kenntlich machenden äusseren Merkmalen erkennt, sondern

---

[1] Vgl. Aug. de lib. arb. III, 11: Animæ rationales illis superioribus (spiritibus) officio quidem impares, sed natura pares sunt. — De quant. an.,
c. 34: Eorum, quae Deus creavit, animae rationali quidquam deterius est,
quiddam par: deterius, ut ut anima pecoris, par ut angeli, melius autem
nihil.

[2] De an. III, 12.

noch weit genauer, weil die Selbsterkenntniss der Seele nicht wie die äussere Personenkenntniss, durch Sinneseindrücke vermittelt, sondern eine unmittelbare Intellectualerkenntniss ist. Wenn man nach Aristoteles an der Sprechweise des Menschen den ihn innerlich bewegenden Affect erkennt, um wie viel mehr wird die Seele an ihren Affecten und Stimmungen, die ihr unmittelbar inhäriren, sich selber erkennen! Man sagt wohl, dass die Leidenschaften die Selbsterkenntniss der Seele verdunkeln; diese Verdunkelung geht indess nicht so weit, dass der mit einem bestimmten Laster Behaftete nicht wüsste, dass er dasselbe übe; im Gegentheile ist ihm dieser Habitus seiner Seele unmittelbar bewusst. Wenn es den Menschen thatsächlich sehr schwer ist, sich zum intellectuellen Erkennen des geistigen Wesens seiner Seele zu erheben, so hat diess seinen Grund in der Gewöhnung an die sinnliche Anschauung,[1] die z. B. auch macht, dass Viele, obschon sie um die Geistigkeit der Engelwesen wissen, sich doch dieselben unter jenen Gestalten vorstellen, in welchen sie dieselben auf Gemälden oder durch Statuen dergestalt zu sehen gewohnt sind. Es ergeht dem Menschen hiebei so, wie es dem menschlichen Auge ergeht, wenn es an die Dunkelheit gewöhnt plötzlich von der lichten Tageshelle überrascht und geblendet wird. Diese Hindernisse und Wirrnisse des zeitlich-irdischen Menschendenkens werden hinwegfallen, wenn der Mensch dereinst mit dem ewigen Lichte der Geister d. i. mit Gott ganz und vollkommen vereiniget sein wird.

Die Zuversicht, mit welcher Wilhelm das unmittelbare Selbsterkennen der menschlichen Seele behauptet, stützt sich auf seine Ueberzeugung von der Geistigkeit, und von der in dieser Geistigkeit begründeten Einfachheit der Seele. Diese lässt nämlich nach seiner Ansicht eine Abscheidung der Seelen vermögen vom Wesen der Seele nicht zu;[2] von der Essenz der Seele abgeschieden müssten die sogenannten Seelenvermögen als Accidenzen genommen werden, reine Accidenzien können aber nicht als Wirkungsprincipien genommen werden. Also sind die ihnen zugeschriebenen Wirkungen eben nur an

[1] De an. III, 11
[2] De an. III, 6

mittelbar Wirkungen der Seelensubstanz selber. Wenn sonach von einem Erkennen, Wollen, Zürnen, Begehren u. s. w. der Seele die Rede ist, so hat man der Seele nicht ein besonderes Erkenntnissvermögen, Willensvermögen, θυμικόν und ἐπιθυμητικόν beizulegen, sondern in den Operationen dieser verschiedenen vermeintlichen Vermögen ist jederzeit unmittelbar die Seele als solche thätig, die ihrer Substanz nach Eine nach verschiedenen Beziehungen auf verschiedene Weise wirkt. Wilhelm kann mit gutem Grunde sagen, dass diese Lehre nicht seine Erfindung ist, und sich auf aliquos ex majoribus et sapientioribus theologorum legis christianorum berufen, die eben so gelehrt hätten. So weit und wo immer durch das ganze frühere Mittelalter bis auf Wilhelm herab Augustins Ansehen herrschte, galten auch die von Wilhelm vertretenen Sätze über die Einfachheit der untheilbaren Einen Seelensubstanz im Menschen. Wir berufen uns der Kürze halber auf eine aus verschiedenen Autoren der patristischen und der älteren mittelalterlichen Zeit zusammengetragenen Schrift psychologischen Inhaltes, die den unter Hugo's a St. Victor Namen gehenden vier Büchern de anima als zweites Buch einverleibt ist, und unter dem Titel: De spiritu et anima, auch unter den unechten Werken Augustin's vorkommt.[1] Sofern diese Sammelschrift die Sätze und Lehren der vornehmsten und bekanntesten Vertreter christlich-philosophischer Anschauungen von Augustinus an bis in's zwölfte Jahrhundert herab wiedergiebt, kann sie als Repräsentation der psychologischen Anschauungen des gesammten früheren Mittelalters gelten. Die in dieser Schrift vorgetragenen Lehren sind nun grösstentheils augustinische, entweder unmittelbar aus den Schriften Augustins selber gezogen, oder aus den Werken anderer Verfasser, von welchen Augustins Schriften zu Rathe gezogen wurden. Obwohl die Tendenz des ganzen Buches vorwiegend eine moralisch-ascetische ist, so ist doch zugleich, wenn auch ziemlich zusammenhangslos und zerstückelt, das gesammte Materiale einer rationalen Psychologie darin enthalten; es wird öfter als einmal eine vollständige philosophische Definition vom Wesen der menschlichen Seele gegeben, von den verschiedenen

---

[1] So in Migne's Abdruck der Werke der lateinischen Kirchenväter Tom. XL (sechster Band der Werke Augustins) p. 779–830.

Kräften, Begabungen und Wirksamkeiten derselben ausführlich gehandelt, auch der somatologische Unterbau der rationalen Psychologie nicht ganz vernachlässiget. Eine Stelle des Buches nun, die wir unten in der Anmerkung beibringen,[1] gibt eine kurz zusammenfassende Schilderung des Wesens der menschlichen Seele im augustinischen Sinne, und es ist kein Zweifel, dass der in dieser Schilderung gegebene Seelenbegriff, der eine Abtrennung der Seelenvermögen vom Seelenwesen durchwegs ausschliesst, nicht bloss vom Verfasser des Buches als der gemeingiltige angesehen worden sei, sondern seinem ganzen Zeitalter dafür gegolten habe. Albertus Magnus, der in seinen Erörterungen über das menschliche Seelenwesen auf eine ähnlich lautende Stelle desselben Buches Bezug nimmt,[2] stellt ihr nicht die Auctorität irgend eines anderen christlichen Lehrers gegenüber,[3] sondern bekämpft sie mit rationellen Gründen, und sucht die augustinische Stelle durch nähere Erklärung auf ihren wahren, eigentlichen Sinn zurückzuführen. Es ist auch ganz richtig, dass Augustinus an eine förmliche Ablehnung der Unterscheidung zwischen Essenz und Kräften oder Vermögen der Seele nicht dachte, und es lässt sich allerdings dasjenige, was

[1] Anima nominatur totus homo interior, qua vivificatur, regitur et continetur lutea illa massa, humectata succis, ne arefacta dissolvatur. Dum ergo vivificat corpus, anima est; dum vult, animus est, dum scit, mens est, dum recolit, memoria est; dum judicat, ratio est; dum spirat vel contemplatur, spiritus est; dum sentit, sensus est. Nam inde sensus anima dicitur, pro iis, quae sentit; unde et sententia nomen accepit. O. c., c. 34.

[2] Dicit Augustinus in libro de spiritu et anima c. 13 (weiter unten sagt Albert: in libro de anima, qui Augustini dicitur): Anima secundum operis sui officium variis nuncupatur nominibus. Dicitur namque anima, dum vegetat, spiritus dum contemplatur, sensus dum sentit, animus dum sapit, dum intelligit, mens; dum disserit, ratio; dum recordatur, memoria; dum vult, voluntas. Ista tamen non differunt in substantia quemadmodum differunt in nominibus; quoniam omnia ista una anima est, proprietates quidem diversae, sed essentia una. Summ. theol. 2 Pars, tract. 12, qu. 70, membr. 2. Albert hebt ebendaselbst noch eine weitere Stelle desselben Buches aus, wo gesagt wird, dass zwar die virtutes, nicht aber die vires animae von der Essenz der Seele abzuscheiden seien.

[3] Diess wäre auch kaum angegangen. Das Vorkommen ähnlich lautender Erklärungen und Auseinandersetzungen bei Alcuin (de ratione animae, Hugo a St. Victore (Erud. didasc. II. 5), Isaak von Stella (ad Alcherum) ist ein hinlänglicher Beleg für die oben erwähnte Gemeingiltigkeit jener Anschauungen in der ersten Hälfte des Mittelalters.

Augustinus nach Alberts Ansicht eigentlich sagen wollte, mit letzterer ganz gut vereinbaren; eben so gewiss aber ist, dass Augustinus auf die gedachte Unterscheidung nicht reflectirte, und auf dieselbe nicht reflectiren konnte, weil ihm in seinen bezüglichen Erklärungen über das Seelenwesen ausschliesslich nur darum zu thun war, die Idee der durch die mehrseitige Vermöglichkeit und Begabung der Menschenseele nicht beeinträchtigten Einfachheit des menschlichen Seelenwesens zum Ausdrucke zu bringen, die ihm durch die Geistigkeit der Seele als selbstverständlich gefordert erschien. In diesem Sinne wurde er auch von seinen Verehrern verstanden; der Verfasser der vorerwähnten pseudoaugustinischen Sammelschrift bleibt bei der Anstaunung der Vergesellschaftung der Einfachheit der Seele mit ihrer vielfältigen Begabung stehen, und nennt diese Vergesellschaftung etwas Wunderbares,[1] was sich demzufolge seiner Natur nach einer vollkommenen Aufhellung für unser unvollkommenes Erkennen entzieht. Wilhelm[2] nimmt zu erläuternden Analogien Zuflucht; wie eine und dieselbe Person zugleich Herzog, Graf, Markgraf, Inhaber einer städtischen Würde als Bürgermeister oder Rathsherr sein könne, so kann die Seele unbeschadet ihrer Einfachheit und Untheilbarkeit verschiedenen Verrichtungen im Denken, Wollen, Zürnen, Begehren u. s. w. obliegen. Dass alle diese Actionen und Passionen der Seele aus einer bestimmten Grundthätigkeit und Grundbeschaffenheit der Seele abzuleiten seien, und diese Grundthätigkeit und Grundbeschaffenheit aus dem Grundwesen der menschlichen Seele verstanden werden müsse, mag in jenem Zeitalter wohl geahnt worden sein, ist aber nicht als eine Forderung der methodischen Forschung begriffen worden; womit wohl auch zugleich die für jene Zeiten unübersteiglichen Schranken einer philosophisch durchgebildeten psychologischen Forschung kenntlich gemacht sind. Das geistige Wesen der Seele betreffend, hatte wohl schon Augustinus erklärt,[3] dass

---

[1] Nihil in creaturis hac divisione mirabilius cernitur, ubi id, quod essentialiter unum est atque individuum, in se ipsum scinditur; et quod simplex in se et sine partibus constat, quasi quadam partitione dividitur. O. c., c. 34.
[2] De an. III, 6.
[3] De trin. VI, 6: Creatura quoque spiritualis, sicut est anima, est quidem in corporis comparatione simplicior, sine comparatione autem corporis

seine Einfachheit nicht jener des göttlichen Wesens gleichzusetzen, sondern nur relativ zu verstehen sei, sofern durch sie eben nur die Ausgedehntheit und Theilbarkeit des Körperlichen ausgeschlossen sein soll. Dieser Gedanke mochte ausreichen, die Vermögensvielheit der menschlichen Seele als möglich erscheinen zu lassen, wurde aber nicht für eine wirkliche Erklärung dieser Vermögensvielheit verwerthet: Augustinus deducirte aus ihr nur so viel, dass die menschliche Seele eine mittlere Stelle einnehme zwischen der göttlichen Essenz, die zufolge ihrer absoluten Einfachheit schlechthin unveränderlich sei, und zwischen den theilbaren Körpern, die zufolge ihrer Zusammengesetztheit und Theilbarkeit nicht bloss mutabel, sondern auch alterabel seien, während die menschliche Seele den Körpern gegenüber mit Gott die Inalterabilität, im Gegensatz zu Gott aber mit den Körpern die Mutabilität gemein habe. Ueber diese abstract metaphysischen Bestimmungen des menschlichen Seelenwesens kann die augustinische Psychologie nicht hinaus, eben so wenig aber auch die auf sie folgende scholastisch-peripatetische; dass die Inalterabilität der menschlichen Seele im Personscharakter derselben begründet sei, wurde weder von den mittelalterlichen Augustinern, noch von den mittelalterlichen Aristotelikern erkannt, und desshalb kann der von den Letzteren erzielte Fortschritt auf dem Gebiete der philosophischen Psychologie nur als ein sehr relativer bezeichnet werden. Indess bleibt ihnen jedenfalls das Verdienst, wirklich an die Erklärung jener mira divisio animae indivisibilis gegangen zu sein, von welcher wir den mehrerwähnten mittelalterlichen Augustiner oben reden hörten, ohne dass er auch nur die leiseste Nöthigung zu einer rationalen Aufhellung der Denkbarkeit der Vielheit in dem untheilbar Einen empfunden hätte.

---

multiplex est etiam ipsa, non simplex. Nam ideo simplicior est corpore quia non mole diffunditur per spatium loci, sed in unoquoque corpore et in toto tota est, et in qualibet ejus parte tota est. Sed tamen etiam in anima, cum aliud sit artificiosum esse, aliud inertem, aliud acutum, aliud memorem, aliud cupiditas, aliud timor etc., possintque et alia sine aliis et alia magis et alia minus innumerabilia et innumerabiliter in animae natura inveniri, manifestum est, non simplicem, sed multiplicem esse naturam. Nihil enim simplex mutabile est, omnis autem creatura mutabilis.

Albertus Magnus [1] bekämpft die Behauptung der Identität der Seelensubstanz mit den ihr beigelegten Vermögen und Kräften aus mehrfachem Grunde. Wäre die Seelensubstanz unmittelbar als solche selber schon das seelische Wirkungsvermögen, so wären nicht mehrere, sondern nur Ein Wirkungsvermögen der Seele möglich, nämlich jenes Eine, das sie selber ist. Es würde aus jener behaupteten Identität ferner folgen, dass, wie Seele und Sinn, Seele und Intellect, so weiter auch noch Sinn und Intellect sachlich dasselbe seien. Das natürliche Können ist Ausfluss der Wesenheit, somit nicht die Wesenheit selber, sondern ein Consequens derselben; also sind die potentiæ cognitivæ und potentiæ motivæ als Ausflüsse der Seelenessenz anzusehen, und sind in Folge des Seins der Seele (sunt sequentes esse animæ), die als Subject und Träger derselben angesehen werden muss. Hier fühlt man sich denn doch versucht, zu fragen, ob diese ‚Ausflüsse‘ etwas von der Essenz der Seele Verschiedenes sind, oder ob nicht vielleicht in ihnen, sofern sie doch etwas Reales sind, die Essenz der Seele selber gestaltet und gegliedert ist? Es ist ferner nicht zu verkennen, dass unter den Seelenkräften, welche Albertus Magnus als potestates particulares von der Seele als Totum potestativum abscheidet, ein gewisses Rang- und Ordnungsverhältniss statthat, welchem zufolge einzelne dieser potestates sich unmittelbarer aus dem Wesen der Seele ergeben als andere, welche zufolge ihres Verhältnisses zum Leibe hervortreten. Setzt man, wie es nicht anders möglich ist, das Wesen der Seele in ihre Denkhaftigkeit, so werden die unmittelbar aus ihrem Wesen sich ergebenden Wesensäusserungen ihre intellectiven Bethätigungen sein, ja man wird ihr streng genommen gar keine anderen, als derartige Bethätigungen zuschreiben können. Nicht nur sind die Sensationsacte der Seele eben bloss verhüllte Intellectionen, sondern auch ihr Einfluss auf die Leibesgestaltung wird, soweit diese eben nur symbolisirende Abgestaltung und Selbstausdruck des Seelenwesens im bildungsfähigen Stoffe ist, als Reflex des immanenten Selbstlebens der Seele im Stoffe zu verstehen sein. Das Ausgestattetsein der Seele mit verschiedenen ‚Vermögen‘ bedeutet eben nur die vielartige Vermög-

[1] A. a. O.

lichkeit ihrer intellectiven Natur; denkt man sich diese vielartige Vermöglichkeit ihres denkhaften Wesens von ihr hinweg, so bleibt von diesem denkhaften Wesen gar nichts übrig. So weit also die scholastische Abscheidung der Seelenvermögen von der Essenz der Seele auf die aristotelische Kategorienlehre sich gründet,[1] gehört sie dem Gebiete eines abstract formalisirenden Denkens an, welches in das Wesen der lebendigen Seelennatur keinen Einblick gewährt. Und es ist weiter nicht zu verkennen, dass jene Abscheidung der Scholastik durchaus nur auf die dem peripatetischen Denken geläufigen Distinctionen gestützt war — Distinctionen, die, sofern sie bloss künstliche, und auf Grund der einmal als gültig feststehenden Grundbegriffe der Peripatetik angenommen waren, mit der Abwendung von der peripatetischen Denkkunst ihre Bedeutung verloren, ja mitunter geradezu unverständlich wurden. Es ist übrigens kein Zweifel, dass die Mehrdeutigkeit des Wortes ‚Essenz‘ ihrerseits dazu beitrug, die Abscheidung der Seelenvermögen vom Seelenwesen zu verfesten; identificirte man den Begriff der Essenz mit jenem der Substanz, so konnte man, da das ‚Vermögen‘ als solches und seinem Begriffe nach keine Substanz ist, nicht umhin, es zum Accidens der Substanz, welcher es eignet, herabzusetzen;[2] man übersah hiebei nur, dass man eine Distinction, die einem in seiner Steifheit ziemlich unvollkommenen subjectiven Denkmodus entsprach, nicht sofort als eine im gedachten Objecte selber bestehende nehmen dürfe. Man würde indess den Scholastikern unverdient nahe treten, wollte man behaupten, dass sie nicht durch ein wirkliches sachliches Interesse zu jener Distinction hingedrängt worden wären. Schon Albertus deutete es in Kürze an; es handelte sich um den metaphysischen Unterschied des menschlichen Seelenwesens von der göttlichen Wesenheit. Die göttliche Essenz ist absolut einfach, dem menschlichen Seelenwesen kommt Einfachheit nur in relativem Sinne zu; Gott ist das absolute Können in eigenster Wesenheit und Wirklichkeit, die menschliche Seele ist es nicht, hat aber ein

---

[1] Vgl. Thomas Aq. Summ. I. qu. 77, art. 1: Operatio animae non est in genere substantiae. Cum potentia animae non sit ejus essentia, oportet quod sit accidens, et est in secunda specie qualitatis.
Dawider richtet sich Wilhelms Polemik: De an. III, 4.

verschiedenartiges Können. Dieser Besitz eines Könnens, das nicht die Seele selber ist, obschon es derselben wesenhaft eignet, ja das specifische Wesen der Seele ausmacht, ist wohl einfach nur aus ihrem creatürlichen Gesetztsein zu erklären; die Seele ist sich mit allen ihren Wesensqualitäten etwas schlechthin Gegebenes, sie deprehendirt an sich, wie ihr Sein, so auch die demselben aufgedrückten Wesensbestimmtheiten als etwas von ihr Gehabtes, ohne ihr Wollen und Zuthun ihr Eigenes. Weil sich diess aber nicht bloss auf ihr Können, sondern auch auf ihr Sein bezieht, dessen specifische Bestimmtheit jenes Können ist, so hebt sich damit die Unterscheidung zwischen ihrem Sein und Können wieder in dem höheren Gedanken ihrer absoluten Gegebenheit auf, in der sie sich als lebendiges geschöpfliches Bild dessen, der das absolute Können ist, erfasst, und daher auch ihre specifische Vermöglichkeit als ihr selbsteigenstes Sein und Wesen erkennt. Denn ihr Sein ist als ein geistiges wesentlich ein persönliches, selbstkönnendes, und unterscheidet sich als solches wesentlich von dem ungleich schwächeren ungeistigen und stofflichen Sein, welches, weil selbstlos, auch kein Selbstkönnen haben, sondern lediglich Substrat, Organ und Medium der durch ein anderes von ihm Verschiedenes, durch die Macht der organisirenden Idee zu verwirklichenden Gestaltungen und Bildungen sein kann.

In diesem Sinne nun können wir Wilhelm unsere Zustimmung nicht versagen, wenn er, an das posse creatoris anknüpfend,[1] zu erweisen sucht, dass allüberall, wo ein selbstmächtiges Wirken statthat, das Können oder Vermögen nicht als ein Superadditum zur Essenz des Wirkenden angesehen werden könne. Nur darf man bei ihm nicht einen philosophischen Begriff des Selbstmächtigen suchen. Obschon er ganz richtig den Begriff des selbstmächtigen posse dahin bestimmt, dass es ein Können durch sich selber oder kraft der eigenen Wesenheit sei, steigt er doch bis zum Begriffe der albedo als einer potentia disgregandi visum herab, um an einem der gemeinen Erfahrung angehörigen Beispiele den Begriff des selbstmächtigen Könnens zu erläutern. Wäre die albedo nicht durch sich selbst disgregativa visus, so müsste sie es durch etwas

---

[1] De an. III, 5.

Anderes sein, welchem man mit gleichem Grunde diese Fähigkeit absprechen könnte, so dass man auf eine hinter diesem Zweiten stehende dritte, vierte u. s. w. Ursache und so in's Unendliche fort zurückzugehen hätte. Sagt man von einem weissen Körper, fügt Wilhelm bei, dass er die potestas disgregativa habe, so haftet ihm diese potestas allerdings zufolge seines Weissseins als Supperadditum an; denn nicht durch sich als Körper, sondern zufolge jener ihm anhaftenden Eigenschaft des Weissseins setzt er die Wirkung der albedo. Wie aber dann, wenn das Weisssein, wie z. B. beim Kalk, nicht eine aufgetragene Tünche ist, sondern unmittelbar in der Wesensbeschaffenheit des Körpers liegt, so dass er nicht anders, denn als weiss gedacht werden kann? Diess gehört jedoch zu den Dingen, auf welche ein vom sachlichen Verständniss der Naturdinge abgewandtes und vorwiegend formalistisches Denkverfahren nicht reflectirte; und so dürfen wir uns weiter auch nicht wundern, wenn Wilhelm, zwischen verbis activis und verbis passivis unterscheidend, die Verba caleo, frigeo, timeo und andere Zustandsbezeichnungen als solche nimmt, die im Unterschiede und Gegensatze zu den verbis activis lauter Superaddita aussagen, als ob es in der Natur bestimmter Körper oder Körperwesen nicht eben so gut liegen könnte, heiss, kalt, furchtsam u. s. w. zu sein, als es im Wesen der albedo oder eines seiner Natur nach weissen Körpers liegt, eine vis disgregativa zu üben.

Wilhelm stützt seine Lehre von der substantiellen Identität der Seelenkräfte mit der Essenz der Seele auf seine Lehre von der Einfachheit und Untheilbarkeit der Seele. Sie ist weder eine Zusammensetzung aus Materie und Form,[1] noch auch ein aus der Vielheit ihrer Vermögen coalescirtes Ganzes.[2] Die Zusammensetzung der Seele aus Materie und Form ablehnend, adoptirt er die aristotelische Bestimmung derselben als reiner Form, und bekundet damit, dass er bereits innerhalb der Scholastik des 13. Jahrhunderts steht; die Art und Weise jedoch, wie er den Gedanken von der Seele als reinem Formwesen aufgreift, gibt zugleich auch zu erkennen, dass er auf

---

[1] De an. III, 1.
[2] De an. III, 2.

den eigenthümlichen Denkgehalt dieser aristotelischen Idee noch nicht näher einging, und dass ihm dieselbe einzig als Vehikel zur Erweisung der Geistigkeit und Einfachheit der Seele dienen sollte. Die Seele ist rein nur Form ohne alle Materie; wäre ihr eine Materie als Wesenstheil eigen, so müsste dieser entweder als lebendiger oder unlebendiger Theil des Seelenwesens gedacht werden. Letzteres ist an sich widersinnig, da es den Gedanken eines zugleich lebendigen und todten Wesens involviren würde. Sollte die Materie der Seele etwas Lebendiges sein, so müsste sie entweder als Leib derselben, somit auch als sterblich gedacht werden; wollte man ihr aber ein selbsteigenes Leben zuweisen, so wäre sie nicht mehr blosse Materie, sondern ein lebendiges Wesen, in welchem wieder zwischen Seele und Leib zu unterscheiden wäre. Wilhelm hat in der Bestreitung der Behauptung einer Zusammengesetztheit der Seele aus Materie und Form die Anhänger der in Avicebrons (Salomon Ibn Gabirol) Schrift Fons vitæ vorgetragenen Lehren im Auge. Die Materie, sagen die Bekenner dieser Lehren, ist zur Reception aller Formen befähiget und das denknothwendige Suppositum derselben; demzufolge muss auch für die von der menschlichen Seele recipirten Formen, für die an ihr hervorgebildeten intellectuellen und moralischen Vorzüge u. s. w. ein Receptionsprincip oder eine Materie der Seele vorausgesetzt werden. Verhielte es sich so, so müssten zufolge des Satzes: cujus est potentia, ejus est actus, auch die intellectuellen und moralischen Vorzüge (scientiæ et virtutes) und alle sonstigen geistigen Dispositionen jener Seelenmaterie zugesprochen werden, und somit wäre es diese, die man weise und tugendhaft zu nennen hätte, die Seele selber erst mittelbar und in zweiter Linie. Die Wirksamkeiten gehen nicht von der Materie, sondern von der Form aus; demzufolge sind die geistigen Thätigkeiten und moralischen Wirksamkeiten der menschlichen Seele aus der Eigenschaft der Seele als Form zu erklären, während sie zufolge der schon zurückgewiesenen Anschauungsweise dem angeblichen Materialprincip der Seele zugeschrieben werden müssten. Man ersicht hieraus, dass dieses Materialprincip völlig überflüssig ist, zugleich aber widersinnig, weil man, wofern man es im Sinne der Gegner gelten lassen wollte, es consequenter Weise auch zum Träger der sittlichen Verdienste der Seele und ihres Anspruches auf die Glorie des himmlischen Tugendlohnes machen müsste. Dass man rein geistige Substanzen für undenkbar hält, hat seinen Grund im Verkennen dessen, dass die Susceptibilität für Entgegengesetztes, die man ausschliesslich der Materie als solcher vindiciren zu müssen glaubt, ein Proprium der Substanz ist. Wollten etwa Einige einwenden, es gelte diess nur von der substantia prima d. i. von der bestimmten besonderen individuellen Substanz, so wäre zu erwidern, dass auch die rein immateriellen Substanzen in die Kategorie der substantiae primae gehören.

Die Seele ist ein absolut untheilbares Wesen,[1] und kann demzufolge nicht als blosser „Complex der das Eine Seelenwesen constituirenden Vermögen genommen werden. Die Potenzen sind ihren Acten proportional; wie diese letzteren sich zu keiner natürlichen Einheit zusammenfügen, können auch die ihnen entsprechenden Potenzen durch sich kein Eines Ganzes geben. Als Similia können sie nach Aristoteles weder ein Continuum, noch eine durch Contiguität vermittelte Einheit ergeben; es bliebe also nur noch jene Art von Einigung, vermöge welcher eine jede einzelne aus ihnen in allen anderen ist. Dies Letztere aber ist schon an sich widersinnig: auch würden, wenn in einer einzelnen Potenz alle anderen enthalten wären, dieselben neben jener einzelnen ganz überflüssig sein. Die Seelenvermögen sind in ihrer wunderbaren Einheit auf das Bestimmteste und Deutlichste von einander verschieden, und beirren sich wechselseitig nicht im Mindesten; sie können also in dieser ihrer discreten Vielheit nicht Ein Vermögen constituiren, sondern müssen, so gewiss sie unter einander untheilbar zusammenhängen, in einem untheilbaren Subjecte ihre Einheit haben, können nur als virtutes desselben begriffen werden. Ohne diese Art von Einigung wären sie ein zusammenhangloses zufälliges Conglomerat; die Benennungen totum potentiale, totum virtuale sind vergebliche Nothmittel, die Geistlosigkeit einer solchen Auffassung zu verdecken. Die Einheit in subjecto ist, wie wir bereits wissen, als unmittelbare Substanzeinheit zu verstehen, die jede Zusammensetzung des Complexes der Vermögen mit etwas von ihnen Verschiedenem aus-

---

[1] De an. III, 2.

schliesst. Vergeblich bemühen sich die Gegner (die neuen Aristoteliker), diese Art von Zusammengesetztheit zu verdecken, wenn sie sagen, die Vermögen seien natürliche Qualitäten, durch welche die Seelensubstanz geschmückt und vollendet werde. Daraus würde also folgen, dass die potentia ratiocinandi eine zur menschlichen Seelensubstanz hinzukommende, mithin accidentale Qualität sei; demzufolge wäre der Mensch nicht substantialiter, sondern nur accidentaliter vom vernunftlosen Thiere verschieden, die den Menschen als Menschen charakterisirende Wesensform, die nothwendig Substantialform sein muss, gar nicht vorhanden.

Der Wesensbegriff des Menschen ist dieser, ein animal rationale zu sein. Als sinnliches Lebewesen trägt der Mensch nicht bloss ein Intellectualprincip in sich, sondern hat mit den Thieren das Empfinden, mit den Pflanzen das Vegetationsleben gemein. Selbstverständlich ist Wilhelm bemüht, auch in Bezug auf diese dreifache Abstufung des Seelischen in der intellectuellen, sensitiven und vegetativen Lebensthätigkeit die stricte Einheit des menschlichen Seelenwesens aufrecht zu halten.[1] Da er jede menschliche Seele unmittelbar durch Gott geschaffen, den Leib des Kindes aber als einen lebendigen von den Eltern erzeugt werden lässt, so handelt es sich für ihn im Besonderen darum, ersichtlich zu machen, dass durch die vor Eintritt der intellectuellen Seele schon vorhandene vegetative Belebtheit des Fötus die stricte Einheit des menschlichen Seelenwesens nicht aufgehoben wird. Er nimmt demzufolge an, dass das mit dem lebendigen Sperma der zeugenden Eltern bereits gegebene Vegetationsprincip, mittelst dessen das gezeugte Plasma zum gegliederten Körper wird, mit dem Eintritt der vom Schöpfer geschaffenen Seele in den Leib aufhört zu sein, da die an seine Stelle getretene vernunftbegabte Seele vollkommen ausreicht, den bereits gestalteten Körper zu beleben und zu regieren. Wilhelm findet es nicht unpassend, wenn man die Ersetzung eines für sich bestehenden leiblichen Vegetationsprincips durch die gottgeschaffene Seele mit der Absorption und Exstinction eines schwächeren Lichtes durch ein nachfolgendes stärkeres vergleichen will.

[1] De an. IV, 1 4.

Diese Darlegung verdeckt einigermassen die Schwierigkeit, die darin liegt, das Intellectualprincip im Menschen sich zugleich als Beseelungs- und Belebungsprincip denkbar zu machen - eine Schwierigkeit, die in der augustinischen Psychologie zufolge ihrer Neigung, das menschliche Seelenwesen unter Eine Kategorie mit den Engelwesen zu stellen, nicht abgeläugnet werden kann. In der peripatetischen Philosophie, welche die Seele primär als Informationsprincip der sinnlichen Leiblichkeit des Menschen auffasst, bestand umgekehrt die besonders von den arabischen Aristotelikern gefühlte Schwierigkeit, die Seele oder das Lebensprincip des Menschenwesens zugleich als Intellectualwesen zu begreifen, und es musste überhaupt die Frage beantwortet werden, wie man sich die Einheit der drei Animationsprincipien: anima vegetativa, sensitiva, intellectiva zu denken habe. Nach Albertus Magnus [1] liegt der Schlüssel zur Erkenntniss des Verhältnisses dieser drei in der Menschenseele geeinigten Informationsprincipien zu einander darin, dass von diesen dreien jedes höhere das tiefere zusammt den Wirkungsweisen desselben in sich aufgehoben trägt; demzufolge ist die sensitive Seele wesentlich auch Vegetationsprincip, die intellective Seele wesentlich auch Sensations- und Vegetationsprincip. Die substantielle Einheit dieser drei Principien in der intellectiven Seele beweist sich dadurch, dass die beiden niederen ganz und gar für die Zwecke der intellectiven Functionen thätig sind, indem die Vegetationsthätigkeit auf die Ausbildung und Erhaltung eines für die intellective Seele geeigneten Leibes gerichtet ist, und eben so die Sensationsthätigkeit den Funktionen der anima rationalis sich zu Diensten stellt. Beide Thätigkeiten bekunden hiedurch, dass sie die Form der intellectiven Seele an sich haben, und demzufolge von derselben nicht abgetrennt gedacht werden können. Wenn Aristoteles in seiner Thiergeschichte bemerkt, dass der Embryo zwar vom Anfange her ein Lebendiges, aber nicht auch schon ein Lebewesen (ζῷον) sei, und noch später erst das embryonische Lebewesen zum Menschen werde, so ist damit einzig nur gesagt, dass der Generationsact, in welchem sich aus dem Körper der zeugenden Eltern ein neues Menschengebilde entsondert, erst

---

[1] Summ. theol. Pars II, tract. 12, qu. 70. mbr. 3.

mit der completen Hervorbildung des Menschenwesens aus der Samensubstanz zu Ende sei. Das Verhältniss der Einen Seelensubstanz zu jenen drei Arten ihrer Bethätigung im vegetativen, sensitiven, intellectuellen Leben wird von Albert als jenes eines totum potestativum zu seinen partes potestativæ gefasst. Daraus geht aber zugleich hervor, dass die Seele nicht in jener Weise, wie Wilhelm von Auvergne es will, als reine Form gefasst werden könne; reine Form besagt bei ihm so viel als einfache Form (forma simplex), und diese reicht nach Albert eben nur dazu aus, einen natürlichen actus generativus zu vollführen, [1] dessen Product durch seine natürliche Beschaffenheit an einen bestimmten Ort gewiesen ist, und durch seine Form nicht willkürlich an einen anderen Ort versetzt werden kann. Die menschliche Seele muss also, sofern sie mehr als blosses Vegetationsprincip ist, ein Compositum sein. Die Elemente der Zusammensetzung sind das motum appetitivum und das movens cognitivum; denn wie Augustinus und Aristoteles sagen, ist das Sehen oder Erkennen, das sinnliche sowohl als das intellectuelle, dasjenige, was die Seele in Bewegung setzt. Der Unterschied zwischen motum und movens, der sich an der zufolge ihres Erkennens begehrenden Seele darstellt, ist auf den allgemeineren ontologischen Gegensatz zwischen dem quod est und quo est zurückzuführen; das quo est ist im gegebenen Falle eben die Sensibilität und Intellectualität der menschlichen Seele [2]. Albert betont also den Charakter der metaphysischen Zusammengesetztheit der menschlichen Seele als creatürlicher Substanz; und lässt diesen an die Stelle der Privation treten, durch welche Wilhelm die menschliche Seele, die ihrem Wesen nach ein Könnendes ist, von Gott, dem absoluten Können, unterschieden wissen will. [3] Wilhelm bezeichnet nämlich Gott als purissima et verissima potentia, aus welcher jedwede Art von Impotenz schlechtweg ausgeschlossen ist, woraus dann von selber folgt, dass die menschliche Seele zufolge der Begränztheit ihres Könnens auch mit einem gewissen Nichtkönnen als metaphysischer

---

[1] Forma simplex movere non potest, nisi motu generantis h. e. quod generans inducit formam per generationem. Summ. theol. P. II, qu. 70, mbr. 1.
[2] Nähere Erklärungen über den Sinn der Terminen quod est und quo est in Alberts Summa de creaturis Pars I, qu. 21, art. 2.
[3] De an. III, 5.

Signatur ihres begränzten creatürlichen Seins behaftet sein müsse. Wir wollen nicht verhehlen, dass uns der von Wilhelm betonte Gedanke einer relativen Nachbildung der absoluten göttlichen Vermöglichkeit durch die Vermöglichkeit der gottebenbildlichen menschlichen Seele einen geeigneteren Anhaltspunkt für eine lebendige Anschauung vom Wesen der geistbegabten selbstigen Menschenseele zu bieten scheint, als die abstract formalistische Lehre der scholastisch-aristotelischen Philosophie von einer metaphysischen Zusammengesetztheit der Seele, deren weitere Ausbildung ein ganzes Gespinnst von Subtilitäten aus sich heraussetzte, ohne dass hiedurch das lebendige Wesen der Seele dem philosophischen Verständniss näher gerückt worden wäre. Andererseits darf aber nicht verschwiegen werden, dass jener bei Wilhelm gelegentlich einmal aufdämmernde Lichtgedanke eine taube Blüthe war, die keine Frucht ansetzte; eben diese Magerkeit und Unfruchtbarkeit, die dem mittelalterlichen Augustinismus in speculativer Beziehung anhaftet, war eine der Ursachen, die dem empiristischen Realismus der aristotelischen Philosophie Vorschub leistete, und eine Befruchtung und Ausfüllung des rationalen Denkens durch ihn als Bedürfniss fühlen liess.

Der scholastische Peripatetismus fasst das Verhältniss des Seelischen und Leiblichen im Menschen als ein möglicht inniges, und erkennt im Menschen eine plastische Einheit, wie diess durch die Idee der Seele als Wesensform von selber nahe gelegt war. In Folge dessen, dass der Mensch als plastische Einheit gefasst wurde, sah man sich darauf hingewiesen, die Seele als constitutiven Theil des Menschenwesens zu bestimmen; und zwar geschah diess im bewussten und ausgesprochenen Gegensatze zu den Theologen des 12. Jahrhunderts, soferne diese mit Rücksicht auf den Personscharakter der menschlichen Seele die Bestimmung derselben als eines blossen Wesentheiles ausdrücklich abgelehnt hatten.[1] Zu diesen Theologen gehörten Petrus Lombardus, Abälard, Hugo von St. Victor, Robert Pulleyn, Peter von Poitiers, Robert von Melun, der Verfasser der Schrift de spiritu et anima. Auch Wilhelm von Auvergne steht auf Seite dieser Theologen,[2] obschon er sich das Bedenken

---

[1] Vgl. Werner, Thomas Aq. I, S. 355.
[2] De an. III, 11.

nicht verhehlt, dass in der Definition des Menschen als animal rationale neben der Seele auch der Körper als wesentlicher Bestandtheil des Menschen mitgesetzt werde, und somit die Seele nicht schlechthin und allein für den ganzen Menschen gelten könne. Wilhelm gibt diess letztere in jenem Sinne zu, in welchem der Reiter nicht ohne sein Pferd, der Bewohner nicht ohne sein Haus, der Arbeiter nicht ohne seine Arbeitswerkzeuge gedacht werden kann; er sieht also im Körper etwas rein Werkzeugliches, und betrachtet ihn eigentlich nur als eine Hülle der Seele. Homo bedeutet ihm: anima in humo; eine Bestätigung für die durch diese Formel ausgedrückte Auffassung des Verhältnisses der Seele zum Leibe findet er bei Averroes, der das, was Andere eine Zusammensetzung aus Materie und Form nennen, als forma in materia bezeichne. Avicenna sehe das Wesen des Menschen ausschliesslich in der Seele desselben, und vertrete somit ganz dieselbe Ansicht, welcher schon Sokrates Ausdruck gab in seiner Antwort an einen Jüngling, der von ihm gefragt, was er mache, geantwortet hatte: Ich spreche (nämlich innerlich) mit mir selbst. Habe Acht, erwiederte ihm Sokrates, dass du nicht mit einem bösen Menschen sprechest! Das Anstössige dieser Anschauungsweise lag darin, dass die Einigung des Seelischen und Leiblichen im Menschen zu einem bloss accidentellen herabgesetzt zu werden schien; wenn Thomas Aquinas in entgegengesetzter Richtung so weit gieng, die wesentliche Einheit beider als Substanzeinheit zu bezeichnen, so wird man nicht umhin können, darin eine Identification des Substanzbegriffes mit jenem der Essenz zu erblicken, was bereits, obschon nicht in geeigneter Weise, von scotistischer Seite her in Erinnerung gebracht wurde. Der Unterschied zwischen der thomistischen und scotistischen Auffassung der menschlichen Seele als Wesensform wird sich zuhöchst darauf reduciren lassen, ob die Seele geradezu nur als Wesensform des menschlichen Leibes, oder als substanzielle Form des menschlichen Gesammtwesens zu fassen sei, was nicht ausschliesst, dass die Seele auch specifisches Formprincip des Leibes sei. Die letztere Alternative ist augenscheinlich die richtigere, und möchte in der hier gegebenen Fassung nebst der Anerkennung des Wahrheitsrechtes der scotistischen Opposition gegen die thomistische Anschauung auch die höhere

Vermittelung der beiderseitigen Anschauungsweisen in sich enthalten.

Das ideell Wahre und von den streitigen Bestimmungen des scholastischen Substanzbegriffes unabhängig Geltende in der peripatetisch-scholastischen Bestimmung des Begriffes der Seele als Wesensform des Menschen ist diess, dass der menschliche Leib, obwohl er als physischer Körper seinen eigenen Ort hat, doch zugleich auch als Leib in die Seele als seinen höheren Ort hineingerückt und von der continirenden Macht der Seele umfasst ist. Auch Wilhelm von Auvergne vermag sich der Wahrheit dieses Gedankens nicht zu entziehen,[1] und weist zur Begründung desselben ausdrücklich auf die aristotelische Auffassung der Seele als Wesensform des Leibes hin; er hebt auch ganz richtig das analogische Verhältniss des Schöpfers zum Universum hervor, als dessen Nachbildung das Verhältniss der menschlichen Seele zu dem ihr eignenden Leibe anzusehen sei, indem die Seele durch ihren Machteinfluss den Leib eben so umschliesse und durchdringe, wie der Schöpfer das Universum. Er gibt aber offen zu erkennen, dass diese ganze Anschauungsweise nicht eine aus seinem eigenen Denken herausgewachsene, sondern die eines Anderen sei, mit welcher er sich zurechtzusetzen sucht; ihm selber liegt es ungleich näher, die entgegengesetzte Seite im Wechselverhältnisse von Seele und Leib, welcher gemäss die Seele in den Ort des Leibes hineingerückt und von demselben umschlossen ist, in's Auge zu fassen. Wilhelm kommt auf dieses Verhältniss zu sprechen aus Anlass der Meinung Jener, welche der Seele zufolge ihrer Spiritualität ein derartiges örtliches Sein im Leibe absprechen. Er hält ein solches örtliches Sein der Seele im Leibe für nothwendig zufolge der Schwäche und Unvollkommenheit der virtus imperativa der menschlichen Seele,[2] welche die Glieder und Organe des Leibes nicht durch ihren blossen Befehl bewegen kann, sondern, um sie bewegen zu können, mit ihnen auf eine geeignete Art verbunden sein muss, ungefähr wie die Laute oder der Hobel mit der Hand oder den Fingern des Citherspielers oder Tischlers. Dieses örtliche Sein der Seele im

---

[1] De an. III, 35. 36.
[2] De an. VI, 37.

Leibe ist aber nicht auf ein bestimmtes Organ oder einen bestimmten Gegenstand des menschlichen Leibesinneren zu beschränken, sondern zunächst einmal ganz gewiss auf den Gesammtbereich des sinnlichen Empfindungslebens auszudehnen,[1] daher also nur die entweder ganz unlebendigen, oder trotz ihrer Lebendigkeit unempfindlichen Theile des Leibes ausser den Bereich der von der Seele im Leibe eingenommenen Oertlichkeit zu verweisen wären.[2] Zu den unlebendigen Theilen des Leibes rechnet Wilhelm die quatuor humores, das Mark und das Gehirn; zu den zwar lebendigen aber empfindungslosen Theilen die Haare, Nägel, Zähne und Gebeine. Aber auch hier will Wilhelm wieder zwischen dem, was zur essentiellen Integrität des Leibes, und dem, was bloss zum bene esse oder Schmucke des Leibes dient, unterschieden wissen; da die Seele dort überall sein muss, wo sie wirkt, so muss sie auch in den ausserhalb ihres Empfindungsbereiches gelegenen lebendigen Theilen des Körpers gegenwärtig sein, weil diese ihr Leben durch die Seele haben. Wie es sich mit den vorerwähnten unlebendigen Theilen des Leibes in Bezug auf diese Gegenwart der Seele verhalte, lässt Wilhelm unerörtert; man mag indess annehmen, dass er sie zur essentiellen Integrität des Leibesgebildes rechnet, und sie vorausgehend nicht aus eigener Ansicht und Ueberzeugung, sondern nur mit den Worten eines Anderen als sogenannte unlebendige Theile bezeichnen wollte Es liegt uns ferne, mit Wilhelm über Dinge zu rechten, bezüglich welcher man in seiner Zeit nur höchst unvollkommene Vorstellungen haben konnte; zudem haben seine somatologischen Meinungen in Rücksicht auf die Fragen, um welche es sich in seiner Schrift de anima handelt, nur eine ganz untergeordnete Bedeutung. Ungerügt kann aber nicht bleiben, dass ihm da, wo er über die Präsenz der Seele im Leibe handelt, gar kein Bewusstsein über den Unterschied zwischen activer und passiver Präsenz aufgeht, dass er vielmehr beide Arten von Präsenz mit einander identificirt, völlig vergessend dessen, was er selber in anscheinend zustimmender Weise über die specifische Art der activen Präsenz als eines

---

[1] De an. VI, 38.
[2] De an. VI, 39.

activen Continirens und Durchdringens des Leibesgebildes bemerkt hatte. Der Grund der Identification beider Arten von Präsenz liegt darin, dass er das Empfinden d. h. das Innewerden sinnlicher Eindrücke für eine operatio, also für eine active Bethätigung der Seele im Leibe, und somit für eine Bekundung ihrer activen Präsenz im Leibe nimmt. Da er die analogische Beschaffenheit des Verhältnisses Gottes zum Universum als Vorbildung des Verhältnisses der menschlichen Seele zu dem ihr eignenden Leibe anerkennt, so muss man wohl sich billig wundern, dass sich keiner seiner Gedanken auf die Impassibilität Gottes lenkte, der, wie Wilhelm als Theolog wissen musste, erst zufolge seiner Incarnation passibel d. h. ein mit den sterblichen Menschen Mitfühlender und Mitleidender geworden ist. Der Unterschied zwischen Gott und der menschlichen Seele ist eben dieser, dass Gott die Welt umfasst und durchdringt ohne in ihr enthalten zu sein, während die Seele den Leib nicht bloss umfasst, sondern auch in ihm enthalten ist, so dass das Umfassen ein wechselseitiges ist, mit dem Unterschiede jedoch, dass primär der Leib in der Seele, und erst secundär auch die Seele im Leibe enthalten ist (anima corpus continet et in corpore continetur). In Folge dieses passiven Enthaltenseins im Leibe ist die Seele empfindungsfähig; sie vermag ihn nämlich nicht so ausser sich und unter sich zu halten, wie Gott die Welt ausser sich und unter sich hält, sie ist mit ihm zu Einem Wesen ineinsgebildet, und ihre selbsteigene geistig-sittliche Entwickelung und Ausgestaltung von dieser Ineinsbildung abhängig gemacht.

Indem die Seele ihren Leib sich anbildet, nimmt sie den Stoff desselben in sich hinein, um ihn als gestalteten wieder aus sich hervorzustellen; dieses Insichhineinnehmen und Wiederaussichhervorstellen ist ein continuirlicher Act der Seele während der ganzen Zeitdauer ihrer Verbindung mit dem Leibe. Indem sie ihn continuirlich aus sich herausstellt, schafft sie ihm continuirlich seinen locus proprius, innerhalb dessen auch sie selber in so weit steht, als sie in ihren Verrichtungen von dem ihr angebildeten Leibe als Organ ihrer Thätigkeiten und Wirksamkeiten abhängig ist. Es ist demzufolge unrichtig, wenn Albertus Magnus ein solches Enthaltensein der Seele im

Leibe schlechthin in Abrede stellt,[1] und einfach nur das Enthaltensein des Leibes in der Seele betont. Uebrigens droht diese letztere Auffassung nahezu in ihr Gegentheil umzuschlagen; ist die Seele schlechthin der Ort des Leibes, so dass dieser keinen locus proprius ausserhalb der Seele hat, so muss der locus des Leibes auch jener der Seele sein, und so kommt es dann zu der freilich von allen peripatetischen Scholastikern angenommenen Behauptung, dass die Seele im Leibe als tota in toto et in qualibet totius parte sei. Noch im 18. Jahrhundert behauptet der Scotist Ferrari,[2] dass dieser Satz eine nothwendige Consequenz aus dem kirchlich declarirten Glaubenssatze von der Seele als Wesensform des Leibes sei; er behauptet es, weil er von einem durch die lebendige Wesensform causirten Selbstleben des Leibes nichts weiss, und wie alle peripatetischen Scholastiker in der sinnlichen Leiblichkeit nur das passive Instrument der Seele sieht. Daher dann auch von diesem Standpunkte aus die schlechthinige Ablehnung einer Erörterung über den Sitz der Seele im Leibe, oder besser gesagt über die Stätte, von welcher aus das in sich gesammelte geistige Selbstleben der Seele zu jenem des Leibes zunächst und unmittelbar sich in Beziehung setzt; obschon nicht zu verkennen sein wird, dass die des Leibes mächtige Seele in diesem nicht bloss an einer einzelnen bestimmten Stelle, sondern dort überall, wo sie sich selber auf eine bestimmte Art innert, auf eine besondere Art gegenwärtig sein wird, also als denkende im Haupte und Gehirne, nach Seite ihres persönlichen Fühlens und Empfindens im Herzen, während sie als Vitalprincip das gesammte Vitalsystem des organischen Leibes in sich gefasst enthält.

Wilhelm wirft die Frage auf,[3] wie es komme, dass die menschliche Seele von ihrer Wirksamkeit als Belebungsprincip des ihr eignenden Leibes kein unmittelbares Bewusstsein habe?

---

[1] Dicendum, quod anima non est in corpore sicut in loco, neque localiter, neque illocaliter. Si enim esset in corpore sicut in loco, tum corpus contineret animam, quod falsum est; sed potius e converso corpus continet animam . . . . . egrediente enim anima exspirat corpus et marcescit et dissolvitur. Summ. theol. Pars II, tract. 16, qu. 77, mbr. 4.
[2] Philosophie peripatetica (Venedig, 1747) Tom. III, p. 255 sqq.
[3] De an. III, 39.

Da ein derartiges Bewusstsein zum natürlichen Wissen der Seele um sich selbst gehöre, so könne es dem zeitlichen Erdenmenschen nur in Folge eines durch den Sündenfall verschuldeten zeitlichen Strafgeschickes abgehen; und er zweifelt daher nicht, dass, wie die nach der Auferstehung zum Vollendungsstande emporgehobenen Menschen ein vollkommenes Wissen um alle von ihren Seelen geübten Thätigkeiten haben werden, so auch der Mensch vor dem Falle, wenn er darauf advertiren wollte, eine unmittelbare psychische Wahrnehmung der vegetativen Functionen seiner Seele haben konnte. Den Grund der Verdunkelung des ursprünglich ungleich helleren und lichteren Erkennens der Seele findet Wilhelm als christlicher Platoniker darin, dass die Seele mit einem in Folge der ersten Menschensünde corrumpirten Körper verbunden ist. Gleichwie Wein und Oel, in ein verderbtes unreines Gefäss gegossen, gleichfalls verderbt werden, so ergeht es der gottgeschaffenen menschlichen Seele zufolge ihrer Einsenkung in den von den Eltern erzeugten Leib, dessen Vitiosität eine erbliche ist, und in der Zeugung von den elterlichen Leibern auf das Product der Zeugung übergeht. Wie nun der corrumpirte Leib eine solche nachtheilige Wirkung auf die ihm eingesenkte Seele üben könne, wird freilich von Wilhelm nicht klar gemacht, und wird sich überhaupt nicht klar machen lassen, wenn man nicht ein relatives Selbstleben des der Seele eignenden Leibes anerkennt: denn nur in diesem Falle kann von einer in Folge der ersten Menschensünde eingetretenen relativen Losreissung des sinnlichen Selbstlebens aus seiner activen seelischen Fassung, und von einer Trübung und Verdunkelung des seelischen Selbstlebens durch die relativ emancipirte sinnliche Leiblichkeit die Rede sein. Der Gedanke von einem relativen Selbstleben der sinnlichen Leiblichkeit war aber der gesammten mittelalterlichen Scholastik fremd: in Folge dessen ging ihr auch die rationale Lehre vom Menschen fast völlig in der Psychologie auf, wie die unzähligen Tractatus de anima beweisen. Die Anthropologie als Lehre vom Gesammtmenschen wurde nur in soweit Gegenstand einer ausführlicheren Darstellung, als es sich um die scholastisch-theologische Exposition der kirchlich-dogmatischen Lehren von den sogenannten drei Ständen der menschlichen Natur, vom Stande der ursprünglichen, der gefallenen und der im christlichen Heile wieder erneuerten Menschennatur handelte; hiebei fehlte es nun bei Jenen, welche speculativ verfuhren und sich auf die aristotelische Kosmologie stützten, allerdings auch nicht an einer speculativen Exposition der kosmischen Stellung des Menschen, die eben sowohl nach dem Verhältniss des Menschen zu der ihm untergeordneten sichtbaren Welt und irdischen Wirklichkeit, als auch nach Seite seines Verhältnisses zu der ihm übergeordneten geistigen Welt näher und genauer bestimmt wurde; dieser grossartige Unterbau der kirchlich-dogmatischen Anthropologie wurde indess erst in den grossen theologischen Systemen des 13. Jahrhunderts herausgearbeitet. Bei Wilhelm von Auvergne ist dergleichen noch nicht zu finden; er beschränkt sich auf eine nähere Erläuterung der kirchlich dogmatischen Lehre vom Sündenfalle des Menschen und dessen verderblichen Folgen, deren Einfluss auf das seelische Leben des zeitlichen Menschen er in der Darlegung seiner psychologischen Lehre natürlich nicht umgehen kann. In welcher Weise er ihn zur Sprache zu bringen sich veranlasst sieht, wird sich uns im weiteren Verfolge weisen.

Wilhelms ganze Psychologie ist auf den Nachweis der Superiorität und gesollten Prävalenz des Seelischen über das Leibliche, des Geistigen über das Sinnliche angelegt. Das rein sinnliche Erkennen ist ein trügliches,[1] und bedarf daher der Richtungstellung durch den Intellect, welcher als virtus rationabilis das Richtmass der Erkenntniss in sich selbst trägt;[2] der Intellect ist als virtus rationabilis wesentlich eine potestas correctiva, und übt das Amt der Richtigstellung sowohl an den Aussagen der Sinne als auch an seinen eigenen Functionen. Der Mensch ist aber nicht bloss ein erkennendes, sondern auch ein handelndes Wesen; und darum muss neben der das Erkennen regelnden Potenz in ihm auch eine potestas imperativa und executiva vorhanden sein. Die potestas imperativa ist der Wille, der seiner Natur nach frei ist d. h. sich selbst in seiner Gewalt hat (sui juris suaeque potestatis est), und demzufolge über Zwangsnöthigung erhaben ist. Der Wille ist für den

---

[1] De an. III, 7.
[2] Virtus rationabilis judex et correctiva sui ipsius. l. c.

Menschen nothwendig, um die niederen Triebkräfte, die er mit den Thieren gemein hat, im Zaume zu halten und nach den Geboten und Rathschlägen der Vernunft zu leiten und zu discipliniren. Der Wille ist der eigentliche Herrscher im Menschen,[1] und die virtus rationalis der Berather des Willens, dem der Intellect als seinem Souverain zu dienen hat; daher die Vollkommenheiten der virtus imperativa im Range und Werthe entschieden über jenen der virtus intellectiva stehen. Uebrigens ist der Wille keineswegs ein blindes Vermögen, sondern eine denkhafte und verständnisslichte Kraft,[2] so wie umgekehrt die virtus intellectiva auch ein Begehren, nämlich nach Vervollkommnung ihrer selbst, in sich trägt. Der Grund dessen ergibt sich bei Wilhelm aus seiner oben erwähnten Lehre von der substantiellen Einheit der Seele, die unter Einem denkende, wollende, begehrende Substanz ist, und in diesen von einander verschiedenen Thätigkeiten nur unterschiedliche Modos ihrer Substantialität manifestirt. Hier hätte sich nun, wenn überhaupt Wilhelm's psychologische Lehre durchgebildeter wäre, als sie es ist, der entsprechende Ort geboten, alle Thätigkeiten der Seele, oder wenigstens vorläufig jene des höheren intellectiven Lebens der Seele auf eine letzte urhafte Grundthätigkeit der Seele als Grundprincip aller anderen zurückzuführen, und diese aus jener ersten grundhaften abzuleiten. Eine solche Zurückführung und Ableitung wäre nicht bloss dem Geiste der echten und richtig verstandenen augustinischen Lehre gemäss, sondern auch im Interesse der von Wilhelm versuchten Erklärung des zerrütteten Zustandes des Seelenlebens im Stande der gefallenen Natur nothwendig gefordert gewesen, um seine Erklärung zu einer grundhaften zu machen, und Ordnung, Licht und Einheit in seine ziemlich diffuse Schilderung des erörterten Gegenstandes zu bringen. Es hat wohl manchmal den Anschein, als ob Wilhelm von jenem grundhaften Begehren reden wollte, welches aller Seelenthätigkeit zu Grunde liegt und seiner Natur nach stets dasselbe eben so sehr im Stande der gefallenen Natur, wie im primitiven Stande, im Stande der Sünde wie der Gnade wirksam ist, nämlich von

---

[1] De an. III, 8.
[2] De an. III, 9. 10.

dem Begehren der Seele nach absoluter Befriedigung und Erfüllung, welchem Augustinus in den bekannten Eingangsworten seiner Bekenntnisse unsterblichen Ausdruck verliehen hat.[1] Hätte Wilhelm dieses augustinische Wort von dem nach Gott geschaffenen Menschen als Ausgangspunkt und Ziel seiner psychologischen Erörterungen festgehalten, so hätte sich unzweifelhaft eine ganz andere Auffassung und Darlegung seiner anthropologischen und psychologischen Anschauungen ergeben müssen, als jene ist, die er in seinem Werke de anima zu bieten hat. Was Wilhelm hier giebt, ist einfach nur ein völlig unspeculativer christlicher Moralismus, der sich in der Auseinandersetzung und Schilderung der Incongruenz zwischen der thatsächlichen Beschaffenheit des Menschen und dem, was er am Anfange war, ergeht.[2] Allein auch das, was der Mensch am Anfang war, erscheint bei Wilhelm nicht als ein der Idee des Menschen congruenter Zustand, da jener Anfangszustand, wie er ihn bezeichnet, der einer bloss natürlichen Glückseligkeit war,[3] somit den übernatürlichen Vollendungsstand unermesslich hoch über sich hatte. Jenes endliche Ruhen der Seele oder des Menschen in Gott, von welchem Augustinus spricht, ist nach Wilhelm einfach nur ein dem geistigen Erfassen des Zeitmenschen entrückter Zustand; somit lässt sich auch von Wilhelm nicht erwarten, dass er ein in Wesen und Organisation der menschlichen Seele oder der menschlichen Natur begründetes Angelegtsein auf ein endliches Gelangen des Menschen zu einer innigsten Einigung mit Gott aufzeige. Fehlt es an einer solchen Aufzeigung, so fehlt es überhaupt an der Erfassung einer christlich-philosophischen Idee vom Menschen; demzufolge kann es auch zu keiner tiefer dringenden Beleuchtung des Verhältnisses zwischen der Idee des Menschen und der thatsächlichen wirklichen Beschaffenheit des

---

[1] Magnus es Domine, et laudabilis valde; magna virtus tua, et sapientiae tuae non est numerus. Et laudare te vult homo, aliqua portio creaturae tuae; et homo circumferens testimonium peccati sui, et testimonium quia superbis resistis, et tamen laudare te vult homo aliqua portio creaturae tuae. Tu excitas, ut laudare te delectet, quia fecisti nos ad te, et inquietum est cor nostrum, donec requiescat in te. Confess. I, 1.
[2] Vgl. insbesondere de an. V, 10—13; 19, 20.
[3] De an. VI, 20.

durch die Sünde vitiirten Menschenwesens kommen, und zu keinem speculativen Verständniss der in den Zuständen des gefallenen Geschlechtes durchgreifenden Vorkehrungen und Erweisungen einer göttlichen Rettungsmacht zur Erhebung des Menschen über sich selbst und über die durch seine Schuld geschaffene Unvermöglichkeit und Unzureichendheit seines Ringens nach den Zielen seiner letzten, höchsten Vollendung.

Wenn Gott, wie Augustinus sagt, den Menschen nach sich gemacht hat, und dieses Gemachtsein nach Gott die Grundsignatur seines specifischen Wesens ist, so ist nicht nur Gott der absolute Gegenstand seines innersten ihm eingeschaffenen seelischen Begehrens, sondern auch seine gesammte seelische Lebensthätigkeit nichts anderes als eine Auswickelung und Bekundung dieses so zu sagen naturnothwendigen Strebens und Begehrens seiner Seele. Die menschliche Seele ist gottesbildlich als denkhafte Substanz; sie bekundet ihr denkhaftes Wesen in allen ihren Lebensthätigkeiten, die sämmtlich denkhafter Natur sind, angefangen von der untersten leibgestaltenden Wirksamkeit, in welcher die Seele einen sichtbaren Ausdruck und Abdruck ihrer geistigen Gottesbildlichkeit im Stoffe setzt, bis hinan zur höchsten und obersten ihrer Thätigkeiten, in welcher sie als denkende und wollende unmittelbar auf ihr göttliches Urziel d. i. auf ihre vollkommene Conformation mit ihrem göttlichen Urbilde gerichtet ist. Diese Conformation ist natürlich geistiger Art, und bezweckt die Erhebung der Seele und des ganzen Menschen in den Stand der höchsten und vollkommensten für ihn erreichbaren Geistigkeit und geistigen Selbstmächtigkeit d. i. die vollkommene Ausgeburt der die absolute göttliche Persönlichkeit nachbildenden creatürlich-menschlichen Personhaftigkeit, die aus dem Erfülltsein mit dem absoluten und wahrhaften geistigen Lebensinhalte der Seele und des Menschen hervorgeht. Der erste, unmittelbare Ansatz der menschlichen Selbstigkeit und Personhaftigkeit ist das menschliche Herz mit seinen auf die Selbstbeglückung des Menschen gerichteten Gedanken und Strebungen; die aus dem Erfülltsein mit dem absoluten und wahrhaftigsten Lebensinhalte der Seele hervorgehende menschliche Personhaftigkeit muss demnach aus dem von Gott erfüllten Menschenherzen hervorgeboren werden, das menschliche Herz ist die Stätte der primitiven geistig-sittlichen Selbstinnerung des Menschen, der Ort, an welchem der innere Seelenmensch innerlichst von Gott gefasst und über sich selbst emporgehoben werden muss, um wahrhaft Gottes zu sein. Es ist kein Zweifel, dass die mittelalterliche affective Mystik an diese Seite der augustinischen Lehre, an den biblisch-augustinischen Begriff vom Menschenherzen angeknüpft hat und in demselben ihre psychologische Basis hat. Eben so gewiss aber ist, dass diese Art von Mystik den augustinischen Begriff des cor, der mit jenem der augustinischen memoria sachlich zusammenfällt, nicht in augustinischem Sinne zu entwickeln verstand, indem sie ihn aus der den inneren Seelenmenschen constituirenden unlöslichen Dreieinheit: memoria, intellectus, voluntas loslöste, und sich mit Beiseitesetzung oder doch nur ungenügender Beachtung der durch intellectus und voluntas repräsentirten Functionen des Seelenlebens auf die affective Seite des christlichen Innenlebens beschränkte. Die dieser Art von Mystik antithetisch gegenüberstehende Scholastik fasste in ihren psychologischen Theorien die beiden anderen Glieder jener untheilbaren Dreieinheit, den intellectus und die voluntas in's Auge, und liess die mit cor identische memoria bei Seite; sie bekundete hiemit, dass sie den Gedanken des concreten personhaften Innenmenschen nicht erfasst habe, sondern sich auf den abstract-formalen Begriff des Menschen in genere beschränke, und über das innere Wesen des Menschen nur insoweit, als es von diesem abstract-generellen Standpunkt aus möglich ist, Aufschluss zu geben wisse. Innerhalb dieses Standpunktes aber trat wieder eine Differenz hervor, die darin ihren Grund hatte, dass man, nachdem einmal Intellect und Wille von ihrem lebendigen Grunde, aus welchem sie sich in geordneter Folge nach einander heraussetzen, losgetrennt waren, verschiedener Ansicht darüber war, ob man das Wesen der Seele in den Intellect oder in den Willen setzen solle. Das Eine wie das Andere war in seiner Art berechtigt; in der speculativen Thomistik wurde der Intellect auf Kosten des Willens bevorzugt, Duns Scotus wies dem Willen den Vorrang zu. Der durchaus antispeculative Wilhelm von Auvergne setzte selbstverständlich, wie wir bereits sahen, den Willen obenan; sein Grundgedanke war wohl eigentlich der, dass, wie der Intellect sein höchstes Ziel im Schauen der Intellectualwelt habe, so der Wille unmittelbar auf Gott selber als absolutes Strebeziel bezogen sei. Der rohe Mangel einer durchgebildeten psychologischen Anschauung tritt da, von einem falschen Platonismus hinweggesehen, deutlich genug zu Tage: dass der Gott begehrende Urwille der menschlichen Seele nicht mit jener Seelenkraft, welche Wilhelm voluntas nennt, identisch sei, sondern einen habituellen Affect des menschlichen Gemüthes, ein im tiefsten Seelengrunde geborgenes Urbegehren der gottesbildlichen Menschenseele zu bedeuten habe, lag ausserhalb des Bereiches eines in empiristischen Apperceptionen und abstracten Generalisationen aufgehenden Denkens. Er weiss nichts von jener inneren Stätte im Menschen, an welcher das Göttliche in seiner gnadenvollen Gegenwart geinnert werden müsse, um die Seele, die nach Wilhelms tiefer Ueberzeugung in den Banden der sinnlichen Leiblichkeit schmachtet, mit Licht und Kraft von oben zu erfüllen und himmlisch zu durchgeisten, um sie wahrhaft zu einer Bürgerin jener oberen Lichtwelten zu machen, mit deren Beschreibung Wilhelm einen so grossen Theil seines umfangreichen Werkes de Universo ausgefüllt hat.

Eine Psychologie, welche die Vereinigung der Seele mit Gott als letztes Ziel derselben in Aussicht stellt, sollte darauf angelegt sein, die Anstrebung dieses Zieles als eine durch Wesen und Organisation der menschlichen Seele indicirte Aufgabe derselben erscheinen zu lassen. Hinter dieser Forderung bleibt Wilhelms Schrift de anima nicht nur entschieden zurück, sondern man kann mit gutem Grunde sagen, dass eine derartige Forderung gar nicht in das Bewusstsein ihres Verfassers getreten ist. Ihre psychologischen Erörterungen kommen, wie schon gesagt, über den Gesichtskreis eines sogenannten christlichen Moralismus nirgends hinaus. Wir erfahren durch sie, dass das Wahre und das Gute die absoluten Strebeziele der menschlichen Seele sind, dass das Wahre durch den Intellect, das Gute durch den Willen angestrebt wird; dass man aber zwischen dem höheren geistigen, und dem niederen sinnlichen Erkennen zu unterscheiden habe, dass in der Seele neben der virtus intellectiva auch eine virtus irascibilis und virtus concupiscibilis vorhanden, und dass, wie die virtus intellectiva geschwächt und gehemmt, so jene beiden anderen Kräfte krankhaft verdorben seien, und die virtutes regitivæ der Seele, so-

weit sie auf sich selber angewiesen sind, sich schwach und
unvermögend erweisen. Die menschliche Seele sollte ordnungs-
gemäss ihrer Kräfte und Vermögen eben so mächtig sein als
die Thierseelen, [1] die nicht gleich jener des Menschen durch
ihre Körper von ihrer natürlichen Aufgabe und Bestimmung
abgelenkt oder gar auf das Gegentheil derselben hingelenkt,
durch ihre Körper nicht gehemmt werden, ihre natürlichen
Ziele zu verfolgen, und gleich vom Beginne ihres Daseins an
zur Verfolgung dieser Ziele sich befähiget zeigen. Der Mensch
dagegen ist am Anfang seines Daseins geistig in Nacht und
Finsterniss getaucht, gelangt nur allmälich durch Einwirkung
anderer Menschen zu einigen Erkenntnissen, und bringt es
lebenslang nicht dahin, das, was er wissen und verstehen soll,
vollkommen zu wissen und zu verstehen. Er versteht nicht
gleich dem Thiere von Natur aus, das ihm Schädliche zu
meiden, und das ihm Nützliche und Heilsame zu suchen, sondern muss durch Unterricht und Erziehung dazu angeleitet
werden; was aber noch schlimmer ist, er empfindet in sich
ein Widerstreben seiner Sinnlichkeit und Trägheit gegen die
thatkräftige Anstrebung der ihm gesetzten geistigen und sittlichen Ziele, die virtus concupiscibilis und virtus irascibilis
bekunden sich als Störerinnen seines gesollten geistig-sittlichen
Strebens, ja seine Erkenntnisskraft selber trägt in sich Hindernisse und Hemmnisse eines expediten und erfolgreichen Thätig-
seins. Dies Alles kann nicht zum natürlichen Wesen des Menschen gehören, sondern muss aus einem dem Menschen seit
dem Sündenfalle angeborenen Strafgeschicke erklärt werden.
Der normale Stand des Menschen ist jener der Spiritualität,
kraft dessen die Seele im Menschen die sittliche Herrschaft
behauptet, und unbeirrt von den Reizen und Lockungen der
vergänglichen Erdenwelt den ewigen Gütern zugewendet ist.
Dem Menschen haftet von Geburt an eine Disposition entgegengesetzter Art an; er kann erst durch die nachfolgende geistige
Wiedergeburt in den Stand der Spiritualität versetzt werden.
Wilhelm wählt für die Bezeichnung der dem Menschen durch
seine natürliche Entstehung angeerbten Beschaffenheit und Disposition einen harten, schroffen Ausdruck, welcher den Gegen-

[1] De an. V, 10 ff.

satz zur spiritualitas möglichst scharf hervorheben soll; er spricht von einer angebornen animalitas, brutalitas des zeitlichen Erdenmenschen. Man fühlt sich da für den ersten Augenblick an das von einigen Späteren in abgeschwächter Form reproducirte Theologumenon des Origenes von der durch den Sündenfall bewirkten Hinabstossung des Menschen aus dem Zustande immaterieller Geistigkeit in jenen der sinnlichen Animalität erinnert; in Wahrheit aber handelt es sich nur um eine unangemessene Ausführung und Erweiterung des augustinischen Gedankens, dass die der sinnlichen Leiblichkeit eingesenkte Menschenseele in Folge des Sündenfalles fleischlich (carnea) geworden ist. Allerdings spielen in diese Ausführungen auch einige übel angebrachte platonische Reminiscenzen hinein; dahin gehört, dass Wilhelm den ererbten ‚verderbten Leib' zur unmittelbaren und förmlichen Ursache der angebornen ‚Sündlichkeit' oder Verderbtheit macht.[1] Man sieht nicht ein, wie der Leib als ein passives Instrument die Seele corrumpiren könne; es fehlt die anthropologisch vermittelte Erklärung des Standes ererbter psychischer Verderbtheit, welche letztere übrigens auch nur als eine allmälich entwickelte, und bei jedem Menschen als eine anfänglich bloss im Keime gegebene gedacht werden kann. Für die rationelle Aufzeigung eines derartigen Entwickelungsprocesses fehlt es bei Wilhelm zufolge seiner schon erwähnten ungenügenden und unlebendigen Auffassung des menschlichen Leibeslebens an jedwedem Anknüpfungspunkte. Er weiss nichts von einem relativen Selbstleben der menschlichen Sinnlichkeit; demzufolge ist ihm auch der Gedanke an eine durch die erste Menschensünde veranlasste Emancipation der sinnlichen Leiblichkeit vom seelischen Principe fremd, und es fehlt ihm das Verständniss für die specifische ethische Signatur der gegenwärtigen Wesenszuständlichkeit des

---

[1] Animae humanae in infusione sua, qua infunduntur sive conjungunter corporibus humanis et nascuntur in ipsis, ex ipsa conjunctione corporum corruptorum corrumpuntur . . . . Et hoc insinuasse videtur Mercurius philosophus Aegyptius hoc sermone: ‚Animam detinet obtorto collo;' intelligens hoc de corpore, a quo depressionem et corruptionem patitur, quae non permittit se erigere ad sublimia et nobilia bona, similiter eam non permittit dirigere se a tortitudine et perversitate vitiorum. De an. V, 13.

Menschen, vermöge welcher das seelische Princip seine Herrschaft über den Leib nur insoweit, als es bewusste Denkmacht ist, also nur durch ein moralisches Imperium aufrecht halten kann. Dass im Menschen ein von seinem sittlichen Selbstwillen unabhängig bestehendes sinnliches Triebleben vorhanden ist, gehört zur Natur des Menschen als geistig-sinnlichen Wesens; die erblich gewordene vitiatio naturæ kann nur darin bestehen, dass es ihm auf eine seinen gesollten sittlichen Willen beirrende, trübende und beschwerende Weise fühlbar wird. Diesen erblich gewordenen Zustand des zeitlich-irdischen Menschenwesens einen Stand der Animalität nennen, ist jedenfalls unthunlich; noch weniger aber ist die Bezeichnung brutalitas zulässig, die in keinem Falle auf ein ererbtes vitium naturæ, sondern nur auf einen durch sittliche Verwahrlosung und Verwilderung erzeugten Zustand angewendet werden könnte. Man könnte vielleicht dafürhalten, dass auch der Ausdruck animalitas nur als ethische Signatur des Standes der gefallenen Natur gemeint sei. Allein selbst für diesen Fall wäre er eine unangemessene Bezeichnung dessen, was er ausdrücken soll. Die Verderbtheit der menschlichen Natur muss primär immer in der Verkehrtheit der sittlichen Willensstimmung gesucht werden: der Mensch ist immer mit Willen böse und verdorben, so wenig sich auch dieser Wille im Stande der Rohheit seiner selbst bewusst sein möge; diese bewusste oder unbewusste Willentlichkeit constituirt also den durchgreifenden Unterschied zwischen dem Unadel der naturnothwendigen thierischen Lebensäusserung und den ihr ähnlichen Selbstäusserungen der verderbten menschlichen Natur. Weiter aber ist durch die Signatur der Animalität keineswegs der Gesammtbereich der in der verderbten Menschennatur schlummernden bösen Leidenschaften umfasst, obschon man zugeben kann, dass für alle besonderen bösen Leidenschaften eine Art Abschattung in den rohen Trieben der Thierwelt sich aufzeigen lasse, nur nicht der böse Wille als solcher, der ausschliesslich dem Bereiche der moralischen Welt angehört. Eben dieser ‚böse Wille‘ aber, diese Inclination des Willens zu demjenigen, was das in jedem Menschen mindestens der Anlage nach vorhandene Gewissen als unerlaubt, unrecht und verwerflich erscheinen lässt, macht den Stand der Verderbtheit zum Stande der Sünde; und ist auch jene Inclination bei der ererbten defecten Beschaffenheit des Menschenwesens etwas Natürliches, so ist sie doch zugleich etwas Willentliches, und kann nur unter dieser Voraussetzung als etwas ‚Sündliches' angesehen werden.

Wir glauben durch das Gesagte hinlänglich erhärtet zu haben, dass die von Wilhelm gegebene Schilderung der durch den Sündenfall causirten Verderbtheit der Menschennatur weder auf natürliche, noch auf sittliche Wahrheit Anspruch hat. Wir haben aber aus derselben noch einen anderen Punkt herauszugreifen, der in Bezug auf Wilhelms Theorie der Seelenkräfte von Belang ist, und die schon gerügte Unfertigkeit derselben nach einer neuen Seite ersichtlich macht. Wilhelm spricht, wie wir bereits hörten, von einer Corruption und Verkehrung der irasciblen und concupisciblen Kraft der Seele in Folge des Sündenfalls.[1] Die Verderbtheit der irasciblen Kraft sieht er darin, dass sich die Seele des gefallenen und verderbten Menschen über ihre sittlichen Fehler und Gebrechen nicht entrüstet; die Verderbtheit der concupisciblen Kraft besteht darin, dass für das Gute blosse Velleïtäten, und oft diese kaum, in der menschlichen Seele vorhanden sind. Wir müssen aber vor Allem fragen, was unter diesen Kräften überhaupt verstanden werden soll. Soferne sie Wilhelm der virtus rationalis oder Denkkraft gegenüberstellt, muss er unter ihnen Thätigkeitsäusserungen jener Seelenkraft verstehen, die er sonst Wille nennt; treten sie doch auch in der Beschreibung der Seelenverderbtheit stellvertretend für die voluntas auf, deren in jener Beschreibung sonst gar nicht gedacht wäre. Wir wollen nichts dagegen sagen, dass Wilhelm zufolge seines Strebens, die Einheit des Seelenwesens zu wahren, von der platonischen Dreitheilung der Seele abgeht, und das θυμικόν und ἐπιθυμητικόν der Einen intellectiven Seele zutheilt, obschon das ἐπιθυμητικόν eine solche Zutheilung sicherlich nicht verträgt. Angenommen aber, es wären durch jene beiden Kräfte: virtus concupiscibilis und virtus irascibilis, die Begehrungs- und Strebekraft der intellectiven menschlichen Seele bezeichnet, so hätten sie die Begehrungs- und Strebekraft des menschlichen Gemüthes, nicht aber

[1] De an. V, 13.

den Willen oder das Vermögen der persönlichen Selbstbestimmung zu bedeuten. Hier treffen wir wieder auf die schon erwähnte leere Stelle der scholastischen Psychologie, die vom Gemüth, als einer von Intellect und Willen verschiedenen seelischen Potenz nichts weiss; obwohl wir nicht verschweigen dürfen, dass diese Lücke in der peripatetischen Scholastik doch etwas besser verdeckt, ja für denjenigen, der vom Personsbegriffe abstrahirt, nahezu ganz verstellt ist. Als richtig können wir die scholastisch-peripatetische Schematisirung der Thelematologie freilich nicht gelten lassen. Der Wille als Vermögen der persönlichen Selbstbestimmung ist uns keine vom Wesen der Seele verschiedene Potenz, sondern die unmittelbare Manifestation ihres personhaften Wesens und ihrer selbstigen Entschiedenheit; auch halten wir es nicht für zutreffend, dem Willen als solchem die specifische Beziehung auf das Gute als solches zu geben, der Wille geht als solcher einzig auf die That. Das Gute als solches ist Gegenstand des Begehrens; der Wille aber begehrt nicht, sondern handelt. Wenn also Thomas Aquinas das höhere Begehren der Seele, welches er von dem durch die vis irascibilis und vis concupiscibilis repräsentirten sinnlichen Begehren abscheidet, in die menschliche Willensanlage verlegt, so sehen wir hierin eine Fusion von Herz und Wille, welche zu beseitigen schon der reine, scharfe Begriff vom Willen als solchem nöthig macht. Weiter aber ist auch in dem sogenannten höheren oder selbstigen Begehren d. i. in jenem Begehren, welches dem seelischen Willen nicht durch das sinnliche Triebleben aufgedrungen wird, eine doppelte Art des Begehrens zu unterscheiden, deren eine die Wahrung und Behauptung des eigenen Selbst, die andere aber die Erfüllung und Befriedigung der Seele in ihrem absoluten Gute zum Gegenstande hat. Sofern die vis irascibilis wirklich einen besonderen Grundtrieb der Seele bezeichnen soll, wird sie den der menschlichen Seele grundhaft eignenden Selbstbehauptungstrieb zu bedeuten haben, kraft dessen dieselbe Alles, was ihr ungestörtes Selbstsein bedroht, mit Entrüstung abwehrt. Die vis irascibilis einfach der sensitiven Seele beilegen, wie bei Aristoteles und Thomas Aquinas geschieht, beruht auf einem völligen Hinwegsehen vom Personscharakter der menschlichen Seelenindividualität, und legt einen der Mängel bloss, an welchen die auf den Ueberlieferungen der antiken platonisch-aristotelischen Philosophie fussende mittelalterliche Scholastik litt.

Die peripatetische Scholastik hatte es auf Grund ihrer vertrauten Bekanntschaft mit Aristoteles wenigstens zu einer in ihrer Art vollständigen Ueberschau über das Gesammtgebiet der psychologischen Forschung gebracht, und war im Stande, eine zusammenhängende und in ihrer Art vollständige Lehrdarstellung der Psychologie zu geben. Wilhelms Schrift de anima mag uns zum Beleg dienen, dass es unmittelbar früher eine solche Art psychologischer Lehrdarstellung noch nicht gab. Die Psychologie als Beschreibung des inneren Seelenlebens war dazumal nur in den Schriften der Mystiker vorhanden, wohin wir vorzüglich jene der Schule von St. Victor zu rechnen haben. Wilhelm beschränkt sich auf eine sogenannte rationelle Erweisung der für die christliche Ueberzeugung gemeingiltigen Sätze über Wesen und Eigenschaften der menschlichen Seele, über deren Kräfte und Begabungen; so weit er auf die Thätigkeiten und Verrichtungen des bewussten Seelenlebens eingeht, spricht er fast nur von der Erkenntnissthätigkeit der menschlichen Seele, und auch hierin beschränkt er sich fast ausschliesslich auf das intellective Erkennen der Seele, von der sinnlichen Erkenntnissthätigkeit ist nur ganz vorübergehend die Rede, die Lehre vom Gewissen [1] wird nur anhangsweise behandelt. Wilhelm läugnet, und diess wohl mit Recht, dass das Gewissen ein besonderes Vermögen der Seele neben anderen Vermögen derselben sei; er erklärt sich weiter, was auch noch in einem gewissen Sinne und bis auf einen gewissen Grad richtig ist, gegen jede Identificirung des Gewissens mit einer besonderen Seelenkraft, mit der ratio superior namentlich, mit welcher es von Einigen identificirt worden sei. [2] An diese doppelte negirende Aussage schliesst sich der positive Satz, dass das Gewissen in der Erleuchtung der Seele durch das natürliche Gesetz bestehe. Damit ist also gesagt, dass die Functionen des Gewissens sich auf das Erkennen beschränken, dass die Erkenntnisse des Gewissens keine aus dem selbsteigenen Inneren des Menschen geschöpfte Erkenntnisse seien, und dass dieselben nicht über den Bereich des natürlichen Ge-

---

[1] Siehe de an. VII, 13, 14.
[2] Vgl. Petrus Lombard. Sentt. II, dist. 39.

setzes hinausreichen. Die Beschränkung der Functionen des
Gewissens auf das Erkennen des sittlich Wahren und sittlich
Gerechten, sowie die Identification dieses sittlich Wahren und
sittlich Gerechten mit dem natürlichen Gesetze hat Wilhelm
mit der gesammten Scholastik gemein; [1] die illuministische Erklärung der in solcher Art aufgefassten Functionen des Gewissens aber ist ihm eigenthümlich, und unterscheidet ihn von den
peripatetischen Scholastikern, die dem Menschen das Wissen
um die Gebote der natürlichen Gerechtigkeit als ein natürliches
Wissen zuerkennen. Die Erkenntniss der obersten Sätze der
Sittlichkeit, oder wie die Scholastiker sagen, der natürlichen
Gerechtigkeit auf eine aussermenschliche himmlische Erleuchtungsquelle zurückführen, heisst dem Menschen alles selbsteigene
Wissen und Erkennen um seine sittliche Natur und Bestimmung absprechen; diese Erkenntniss überdiess noch auf die
Gebote der natürlichen Gerechtigkeit beschränken, heisst die
religiöse Natur des Gewissens und die in ihm ausgesprochene
Bezogenheit des Menschen auf seine absolute Vollendung in
Gott verkennen. Für jeden Menschen besteht das Gebot, in
seiner Art vollkommen zu sein d. h. dasjenige ganz und vollkommen zu sein, was er seiner Anlage und Bestimmung nach
sein soll und seinen besonderen Verhältnissen gemäss sein
kann; und jeder zum sittlichen Denken Geweckte vernimmt
dieses Gebot als eine Forderung seines innersten Selbst, welches
schon zufolge einer natürlichen Liebe zu sich auf das Begehren
nach Vollendung und vollkommener Ausgestaltung seiner selbst
nicht verzichten kann. Die Forderung nach einem vollkommenen und der Idee des eigenen Selbst gemässen Sein macht
sich mit der Gewalt eines innersten Triebes der menschlichen
Seelennatur geltend; das Gewissen ist nach dieser Seite be-

Eine vereinzelte Ausnahme macht unter den Scholastikern Heinrich von
Gent, welcher zwischen sittlicher Vernunft und Gewissen unterscheidet,
und letzteres dem Willen als Strebevermögen zutheilt; Sicut in cognitiva
sunt lex naturalis et universalis regula operandorum et recta ratio ut
particularis, sic ex parte voluntatis est quidam universalis motor stimulans
ad opus secundum regulas universales legis naturae, et dicitur synderesis,
quae est in voluntate quaedam naturalis electio, semper concordans naturali
dictamine legis naturae. (Quodlibet. 18, qu. 1). Vgl. dagegen Duns Scotus
Comm. in Sentt. II, dist. 39, qu. 2.

trachtet nichts anderes, als der dem Menschen innerlichst und unveräusserlich eignende Vollkommenheitstrieb in seiner speciellen Beziehung auf das sittlich Wahre und sittlich Gute. Will man den Complex dieses sittlich Wahren und sittlich Guten als das dem sittlich gestimmten Menschen Natürliche und seiner sittlichen Natur Gemässe die natürliche Gerechtigkeit nennen, so ist nichts dawider zu erinnern; es ist aber bekannt, dass im Sprachgebrauche jener Zeiten, der sich in der Folge noch bestimmter gestaltete, der Begriff des natürlich Gerechten auf dasjenige beschränkt wurde, was zum Bestande einer sittlichen Ordnung auf Erden unerlässlich ist, während man die sittliche Vollendung als mit der christlichen Heiligkeit identisch einer über das natürlich Gerechte erhabenen Ordnung zuwies. Damit ergab sich aber von selber eine ungerechtfertigte Verengerung des Begriffes vom Gewissen in der Beschränkung desselben auf das Natürlich-Gerechte; und man kann geradezu sagen, dass der Ausdruck: ‚christliches Gewissen,‘ welcher den Gesammtinhalt der das christliche Tugendstreben constituirenden Verpflichtungen umfasst, eine Schöpfung des neuzeitlichen Denkens ist, welches im Christlichen das normale und zu seinem sittlichen Ausdrucke erhobene Menschliche sieht, und demzufolge auch im christlichen Gewissen das vollkommen actualisirte Gewissen erkennt. Gegenstand der im christlichen Gewissen vernommenen sittlichen Verbindlichkeiten ist der Gesammtinhalt dessen, was aus der Idee des echten und vollendeten Menschenthums sich als sittliche Forderung ergibt; die Idee der echten, vollendeten Menschlichkeit aber muss als eine der Potenz und dem Keime nach in jedem Menschen gelegene Idee anerkannt werden, und das Gewissen ist in diesem Sinne betrachtet nichts anderes, als das im Lichte der idealen Selbstauffassung des Menschen vermittelte und geklärte sittliche Selbstbewusstsein desselben. Es ist selbstverständlich, dass diese Art von Bewusstheit unbeschadet aller anderweitigen hiebei concurrirenden Einflüsse nach ihrem letzten Grunde aus den Tiefen des selbsteigenen menschlichen Inneren geschöpft sein müsse; die Gewissensanlage ist dem Menschen angeboren, das Gewissen ist in ihm als Sinn und Trieb vorhanden, ehe es ihm im bewussten Erkennen sich verdeutlichet. Der Mensch hat einen angeborenen sittlichen Sinn und einen angeborenen sittlichen Trieb, welche beide in der dem Menschen eingesenkten Idee des Sittlichen sich klar werden; Sinn und Trieb gehören dem Gemüthe an, die Selbstverdeutlichung beider in der Idee des Sittlichen, die mit der Idee des wahrhaften Selbst coincidirt, erhebt die sittliche Apperception aus der Region des Gemüthslebens in jene der selbstbewussten Geistigkeit, aus welcher sie aber sich fort und fort in jene des Gemüthes zurückzuvermitteln hat, weil von da aus die lebendigen Impulse steter Auffrischung und Verlebendigung des echt menschlichen sittlich edlen Denkens, Wollens und Strebens strömen. Dasjenige also, um dessen Ermittelung die Scholastiker in ihren Erörterungen über die sogenannte Synderesis sich bemühten, ist eine lebendige Dreieinheit aus Sinn, Trieb und Wille im Mittel und Elemente der sittlichen Idee oder der sittlichen Selbstapperception, die, um eine reine Apperception zu sein, allerdings in das Licht der göttlichen Wahrheit gerückt sein muss, in der That aber selbsteigene Apperception des moralisch geweckten Menschen ist.

Dem Gesagten zufolge haben wir zwar Wilhelm zuzugeben, dass das Gewissen oder die Synderesis kein besonderes Seelenvermögen, und auch nicht mit irgend einer der besonderen Seelenkräfte zu identificiren sei. Es wird ihm weiter auch noch zuzugestehen sein, dass das Gewissen, statt bloss subjectiver Habitus zu sein, sich als eine objective Macht im sittlichen Menschheitsleben, im Leben der Einzelnen sowohl wie der Gesammtheit zur Geltung bringe, und als eine dem sittlichen Menschheitsleben immanente moralische Macht, als Macht der sittlichen Wahrheit bekunde. Da aber diese Macht durch die sittlichen Ueberzeugungen der Menschen wirkt, so muss das Gewissen als ursprüngliche Anlage in den Menschen vorhanden sein; das Gewissen als objective Macht im öffentlichen Leben und sittlichen Gemeinschaftsleben ist eben nur der Exponent der subjectiven sittlichen Bewusstheit aller Einzelnen, die innerhalb dieser Gemeinschaft stehen. Bei den Scholastikern findet sich die Lehre vom Gewissen nur so weit entwickelt, als die Theorie des sittlichen Lebens selber dazumal entwickelt war; Wilhelms Sätze über die Natur des Gewissens bekunden, dass zu seiner Zeit kaum der Anfang zu einer systematischen Construction der christlichen Moral gemacht worden war – er hat es noch nicht so weit gebracht, die Gewissensanlage als etwas aus der sittlichen Organisation des Menschen zu Erklärendes zu erkennen. Albertus Magnus[1] nimmt die Synderesis als Seelenvermögen, nicht als reines Vermögen, sondern als etwas, was zugleich Vermögen und Habitus, oder potentia cum habitu[2] ist, nämlich cum habitu principiorum justitiae et juris naturalis. Im Gegensatz zu Wilhelm behauptet er ferner sowohl die Irrthumslosigkeit als die Unverlierbarkeit der Synderesis, die ja in den ewig Verworfenen als jener Wurm, der nicht stirbt, sich erweise. Thomas Aquinas[3] vereinfacht die Lehre Albert's, indem er die Synderesis einfach als habitus principiorum operabilium definirt, und gegen den theoretischen Intellect als habitus principiorum speculabilium contradistinguirt. Mit dieser Auffassung Albert's und Thomas' ist das Gewissen als etwas zum Wesen der menschlichen Seele Gehöriges anerkannt, aber ausschliesslich in die Sphäre der Erkenntnissthätigkeit gewiesen. Das Gewissen als Sinn und Trieb im Menschen kommt da nicht zu seinem Rechte. Weiter sind die principia operabilia der Synderesis eben so rein abstract-formaler Natur, wie die principia speculabilia des rein theoretischen Intellectes; die Synderesis sagt dem Menschen, dass man das Gute thun, das Böse meiden müsse, belehrt aber unmittelbar und durch sich selbst nicht darüber, was gut und was böse sei. Dieser Mangel in der Auffassung des Gewissens hängt nun wohl eben damit zusammen, dass es nur als Erkenntnisshabitus, nicht aber zugleich als innerer geistiger Seelensinn gefasst wird -- ein Sinn, in dessen Apperception sich dem Menschen das sollicitirte oder verletzte Gefühl der himmlischen Abkunft und gottverwandten Natur seiner Seele vernehmbar macht und zum Bewusstsein bringt. Eben so ist die Synderesis der scholastischen Peripatetiker viel zu sehr vom seelischen Triebvermögen abgelöst; während dem der menschlichen Seele von ihnen zuerkannten

---

[1] Summa de creaturis P. II, qu. 69.
[2] Alexander von Hales (Summ. theol. II, qu. 76, mbr. 1) drückt sich hierüber so aus: Dicendum, quod synderesis nec tantum sonat in potentiam, nec tantum in habitum, sed in potentiam habitualem, ut notetur habitus naturalis non acquisitus.
[3] I qu. 79, art. 12.

Urtriebe des Begehrens nach Gott gerade in der psychologischen Analyse des Gewissens zur Anerkennung seiner Realität hätte verholfen werden sollen, indem er eben nur auf diese Weise psychologisch sich erweisen lässt, und ohne solchen Erweis eine unerwiesene speculative Annahme bleibt. Allerdings ist der sogenannte Gewissenstrieb etwas von dem urhaften Begehren der Seele nach Gott oder nach ihrer absoluten Erfüllung specifisch Verschiedenes; er ist Ausdruck des Begehrens der Seele nach Erhaltung ihrer sittlichen Integrität und unbefleckten Reinheit, seine Functionen gipfeln in dem Begehren nach heiliger Vollendung in Gott als höchster und vollendeter sittlicher Ehre des in seiner sittlichen Integrität rein und lauter erhaltenen Menschenwesens. Das urhafte Begehren der Seele nach absoluter Erfüllung aber, und was damit zusammenhängt, nach dem die Seele absolut erfüllenden Objecte, geht auf die absolute Selbstbeglückung des Menschen, geht auf Freude und Friede des Menschen in Gott. Wie sollte aber der Mensch auf den Gedanken an Gott als den seine Seele absolut ausfüllenden Gegenstand und als das absolute Medium seiner absoluten Selbstbeglückung kommen, wenn ihm nicht ein angeborner Seelensinn sagen würde, dass er die vollkommene Harmonie seines Wesens und das Gefühl einer vollkommenen absoluten Harmonie seines Daseins nur im Elemente der absoluten Lauterkeit und Reinheit finden könne, also nur in Gott, auf welchen als absolutes Ziel seiner Strebethätigkeit demnach auch der Urtrieb seiner Seele nach absoluter Befriedigung und Vollendung bezogen werden muss? Der von den speculativen Scholastikern anerkannte und betonte Urtrieb der Seele auf Gott als absolutes Gut ist also durch die menschliche Gewissensanlage bezeugt, sofern das Gewissen auf absolute Reinheit und Lauterkeit des inneren seelischen Wesens des Menschen dringt, welche, wie eine zu den Mahnungen und Warnungen des Gewissens hinzutretende, aber ganz natürliche und selbstverständliche Reflexion sagt, nur im Elemente der absoluten Reinheit und Lauterkeit, also nur in Gott gefunden werden kann, daher Gott eben so wohl, ja in gewissem Sinne noch mehr das absolute Medium als das absolute Ziel unserer sittlichen Strebethätigkeit genannt werden muss. Denn es leuchtet unmittelbarer ein, dass er das absolute Medium dieser

Strebethätigkeit sein müsse, als dass er das absolute Ziel derselben sei, wie er denn ganz gewiss nicht das absolute Ziel, sondern vielmehr das absolute Complement derselben ist, kraft dessen der Mensch oder die Seele in den von ihr absolut begehrten Stand der Befriedigung und Vollendung emporgehoben wird.

Wilhelms Lehre vom Gewissen steht in genauem Zusammenhange mit seiner gesammten Erkenntnisslehre. Er bestreitet die Annahme eines intellectus agens als eines vom intellectus materialis oder possibilis verschiedenen Vermögens, [1] und natürlich noch mehr Avicenna's Lehre vom intellectus agens als einer vom Seelenwesen verschiedenen höheren himmlischen Potenz, die zwischen Gott und der Seele stünde. Seine Gründe gegen die erstere Annahme, nämlich gegen die Lehre vom intellectus agens als besonderem Seelenvermögen, sind zum Theile dieselben, die er gegen die Abscheidung der Seelenkräfte vom Seelenwesen im Allgemeinen richtet, theils aber sind sie aus seiner Grundansicht über die Natur und Art des menschlichen Erkennens geschöpft. Seine Erkenntnisslehre ist empiristischer Illuminismus in Verbindung mit platonischen Elementen, die sich in den Sätzen, dass das Reich der Intelligibilien die wahre Heimath der Seelen sei und die Irrthümer aus der Versenkung in's Sinnliche entspringen, aussprechen. An die Grenzscheide zweier Welten gestellt [2] communicirt die Seele mittelst ihres Leibes mit der Körperwelt, die andere Welt aber ist der Schöpfer selber als Archetyp der Schöpfung und Spiegel der Intelligibilien; [3] in diesem Spiegel schaut die Seele die obersten Denkwahrheiten und Gesetze der Sittlichkeit, daselbst ist der Gesammtschatz aller jener Erkenntnisse aufgehoben, die der geschaffene Intellect nicht durch sich, sondern im Lichte der Gnade erschaut. So ist der Schöpfer gleichsam ein lebendiges Buch, in welchem die Seelen unmittelbar lesen, ein formenbildender Spiegel (speculum formificum), in den sie schauen, so dass also die Seelen nicht nöthig

---

[1] De an. VII, 3–5; cfr. IV, 7, 8.
[2] De an. VII, 6.
[3] Speculum universalis et lucidissimae apparitionis universalis primorum intelligibilium. Ibid.

haben, die Intellectualformen der Dinge durch sich selber zu schaffen, und der intellectus agens als eine überflüssige Fiction erscheint. Die Verwandtschaft dieser Sätze mit den Anschauungen Malebranche's springt in die Augen; und nicht mit Unrecht haben französische Neucartesianer in ihrem Landsmann Wilhelm von Auvergne im Allgemeinen einen Vorläufer des Cartesianismus des 17. Jahrhunderts erkannt. Er ist es auf dem Gebiete der Seelenlehre hinsichtlich jener Punkte, in welchen er, wie wir im Vorausgehenden sahen, gegen die peripatetische Scholastik Stellung nimmt.

So entschieden sich Wilhelm dagegen erklärt, den intellectus agens als ein besonderes vom intellectus possibilis verschiedenes Vermögen anzuerkennen, so ist er dessungeachtet keineswegs gewillt, die Activität der Seele in Erzeugung ihrer intellectuellen Erkenntnisse in Abrede zu stellen;[1] nur hat es seine eigenthümlichen Schwierigkeiten, Wilhelm's Illuminismus mit seiner Behauptung, dass der Seele eine die intelligiblen Formen erzeugende Kraft eigen sei, zu vereinbaren. Die Vereinbarung wird wohl darin zu suchen sein, dass die Seele als erkennende überhaupt eine thätige sei, und demnach auch im Hervorstellen der in sie aus Gott als veritas æterna und archetypus mundi hineingestrahlten Wahrheiten und Bilder activ sich verhalte. Gleichwohl wird man nicht umhin können, ihre bewusster Weise selbstgewollten Thätigkeiten auf ihre ratiocinativen Functionen zu beschränken; das Uebrige, nämlich die Apperceptionen der Ideen und der logischen Gesetze, nach welchen diese Ideen mit einander zu verknüpfen sind, vollziehen sich, so zu sagen, von selber, sie stehen den spontanen Denkoperationen der Seele, wie eine Naturthätigkeit der Kunstthätigkeit gegenüber. Von einer Advertenz auf den Unterschied dieser beiden Arten intellectiver Thätigkeit ist jedoch bei Wilhelm keine Rede, dazu ist seine Erkenntnisstheorie viel zu wenig ausgebildet; auch machen seine Gründe für die Nothwendigkeit, der Seele ein actives Hervorbringen ihrer intellectiven Erkenntnisse zuzuerkennen, weit mehr den Eindruck von Postulaten des zu Beweisenden, als von wirklichen, aus dem Wesen der Seele geschöpften Erweisungen dessen,

[1] De an. IV, 8.

was er aufzeigen will. Verhielte sich die Seele im intellectiven Erkennen nicht activ — sagt Wilhelm — so gäbe es keine Denkanstrengung und Mühe des Studirens; ihre Erkenntnisse ständen im Range nicht höher als die durch sinnlichen Augenschein erworbenen Erkenntnisse; es könnte von keinen Tugenden des Intellectes die Rede sein u. s. w. Diess und anderes, was Wilhelm weiter noch bemerkt, ist an sich ganz richtig; aber das active Verhalten der Seele in Erzeugung und Hervorbildung ihrer Erkenntnisse ist damit nicht erklärt und aufgehellt.

Was Wilhelm über das Erkenntnissleben der Seele beibringt, reducirt sich auf Hervorhebung des wahren und eigentlichen Gegenstandes der menschlichen Erkenntniss, der kein anderer als Gott ist, so dass ohne lebendige Erkenntniss Gottes der Erkenntnisshunger der menschlichen Seele schlechthin ungestillt bleibt.[1] Die eigentliche Heimath der menschlichen Seele als intellectiven Wesens ist die Welt der Intelligibilien; das universum intelligibile ist aber eben der Schöpfer selber als lichtestes und distinctestes Urbild des Universums. Demzufolge kann auch die Seele nur zufolge einer innigsten Vereinigung mit Gott zur Erkenntniss aller Wahrheit und somit zur Befriedigung ihres intellectiven Bedürfnisses und Strebens gelangen. Ihr Verhältniss zum Schöpfer kann nach dieser Seite mit dem Verhältniss eines minder reinen und minder glatten Spiegels zu einem vollkommen reinen und hellen Spiegel verglichen werden; bringt man den minder vollkommenen Spiegel in die rechte Stellung zum vollkommenen, so wiederscheinen in ihm die Bilder, die der vollkommene Spiegel aufzeigt. Gott ist als lichtstrahlende veritas prima nicht blos das absolute Object, sondern auch der absolute Mittler aller intellectiven Erkenntniss der Seele,[2] und ist ihr zufolge ihrer gottverwandten Wesenheit auch an sich allezeit nahe, wofern nicht sie selber ohne Gottes Zuthun und gegen seinen Willen von ihm abgewendet ist. Ein solches Abgewendetsein ist nun, wie wir bereits oben aus Wilhelms Munde hörten, in Adams gefallenem Geschlechte allen Menschenseelen von Geburt an an-

[1] De an. VII, 2.
[2] De an. VII, 7.

gethan; in Folge der mit dem Menschen gebornen Verkehrtheit seines Willens- und Strebevermögens, das, statt auf Gott als seinen natürlichen Gegenstand gerichtet zu sein, vielmehr auf's Sinnliche und Irdische gerichtet ist, dann auch jene Verdunkelung und Niederhaltung der intellectiven Erkenntnisskraft der Seele, die nur durch die Gnade des christlichen Heiles wieder gehoben werden kann. Diese schroffe Gegenüberstellung der Blindheit des gefallenen Menschen und der erleuchteten Christlichkeit deutet auf eine Lücke in Wilhelms Denkzusammenhange hin, die freilich im Zeitalter der scholastisch-theologischen Bildung niemals gefühlt, aber auch späterhin nicht sofort entdeckt und ausgefüllt wurde, nämlich das völlige Uebersehen eines traditionellen menschheitlichen Erbes religiös-sittlicher Anschauungen, ohne welche ein historisches Culturleben der Menschheit gar nicht denkbar wäre, und welches, in den einzelnen Kreisen und Epochen des gemeinmenschlichen Culturlebens wie immer gestaltet und modificirt, doch allenthalben, wo es vorhanden ist, jeden Einzelnen, der an diesem Erbe Theil hat, bis zu einem bestimmten Grade geistig hält und trägt, und ihm auch ausserhalb der christlichen Heilsgemeinschaft ein gewisses Mass von religiöser Erkenntniss und sittlicher Bildung möglich macht. Diess ist einer jener Punkte, an welchen sich deutlich offenbart, dass das christlich-theologische Denken, um sich dem gemeinmenschlichen Denken und Fühlen zu bewahrheiten, sich auf dem Grunde des gemeinmenschlichen Culturlebens mit sich selber vermitteln müsse. Es genügt nicht zu sagen und zu zeigen, was in Folge des ersten Falles aus dem Fallenden selber und dem gesammten ihm entstammten Geschlechte geworden ist und werden musste; es müssen auch die vom Anbeginn her in der Geschichte des gefallenen Geschlechtes wirksamen Mächte der Rettung und Heilung, nicht bloss die übernatürlichen, sondern auch die natürlichen, in's Auge gefasst, und es muss gezeigt werden, wie die Gesammtheit und jeder Einzelne in ihr durch diese von Anbeginn her vorgesehenen Mittel und Thaten der Rettung, in denen Gott selbst ist, gehalten und getragen ist. Darauf zu advertiren, möchte insbesondere von jenem Standpunkte nahe liegen, der die menschliche Seele in eine so nahe Gegenwart des Göttlichen rückt, wie es von Seiten Wilhelms der Fall ist; aber seine Betrachtungsweise ist, abgesehen von ihrer empiristischen Nüchternheit und Aeusserlichkeit, eben nur die unhistorisch abstracte, die den Einzelnen eben nur für sich und losgelöst von seinem lebendigen Zusammenhange mit dem geschichtlichen Leben der Gesammtheit in's Auge fasst, und demnach auch nichts von jenen tiefstgreifenden Mächten der Ahnung und Sehnsucht weiss, die von der Nähe der in der Menschheitsgeschichte allwaltenden Gottheit selber angeregt, das Eingreifen und Wirken der rettenden Mächte des Heiles vorbedingen und vorbereiten.

Wilhelm bestimmt den Gegensatz zwischen dem gefallenen und wiederhergestellten Menschen als jenen zwischen Animalität und Spiritualität. Der gefallene Mensch ist aus dem Stande anfänglicher Spiritualität in jenen der Animalität herabgesunken: der Stand der Animalität bedeutet für den Menschen das Unterbundensein der Rationalität.[1] Er verübelt es dem Aristoteles und anderen Philosophen, dass sie diesen Stand der Animalität für einen natürlichen, im Wesen des Menschen begründeten halten,[2] während der Mensch doch seinem Wesen nach so hoch über jedem anderen sinnlichen Lebewesen stehe, als die Menschenseele über der Thierseele steht.[3] Mit dieser ungleich höheren Location der Menschenseele vertrage es sich nicht, dass der Mensch erst durch mühsames Lernen zur expediten Ausübung der ihm zustehenden Thätigkeiten gelangt, während das Thier, kaum dem Ei entschlüpft, oder jedenfalls binnen Kurzem und ohne mühsamen Lernunterricht zur Ausübung der ihm zustehenden Functionen befähiget ist. Hiebei hat Wilhelm, welchem in diesem Punkte Alexander Halesius sich anschliesst,[4] doch wohl sicherlich übersehen, dass der von ihm urgirte Vorzug des Thieres vor dem Menschen ziemlich relativer Natur sei, und letzterer doch wohl auch darum einem länger andauernden Unmündigkeitszustande unterworfen sein möchte,

---

[1] Animalitas ista non est actu species aliqua animalitatis, sed privatio quaedam rationalitatis secundum actum tantum vel usum, non secundum essentiam ipsius rationalitas. De an. V, 12.
[2] De an. V, 13.
[3] De an. V, 10.
[4] Summ. univ. theol. P. II, qu. 95, mbr. 3.

weil er für Aufgaben weit höherer Art vorbereitet werden muss, und die Functionen seines ohne Vergleich höheren Lebensberufes nicht mit blinder Nothwendigkeit und aus Antrieben eines ihn beherrschenden Naturinstinktes, sondern durch überlegtes freithätiges Handeln entrichten soll. Gegen den von Alexander Halesius reproducirten Gedanken Wilhelms, dass zufolge des Dienstverhältnisses, in welchem der Leib zur selbstigen Seele steht, der Mensch schon im Stande der frühesten Kindheit über alle Organe seines Leibes frei und sicher disponiren sollte können, hat bereits Thomas Aquinas [1] bemerklich gemacht, dass der Mensch nach seiner physischen Seite den Gesetzen des Wachsthums der physischen Organismen unterstellt sei: diese Gesetze brächten es mit sich, dass im Kinde das Gehirn sich am frühesten entwickele und zugleich durch sein Schwergewicht prävalire, woraus die Unbeholfenheitszustände des frühesten Kindesalters ganz natürlich sich erklärten. Wenn Wilhelm, um seine Ansicht von der Sache durch möglichst viele Argumente zu erhärten, auch seinen Illuminismus herbeizieht, so dient diess nur dazu, die Incongruenz und Verschobenheit seines vermeintlichen christlichen Philosophismus recht auffallend bemerklich zu machen. Da das Licht der natürlichen Einsicht vom lumen primum ausfliesse, bemerkt Wilhelm,[2] so sollte die Menschenseele, die jenem lumen doch ungleich näher stehe, als die Thierseele, auch ungleich mehr Erleuchtungen in Bezug auf die natürlichen Geschicklichkeiten in Erwerb der Nahrung, Erhaltung und Vertheidigung des Lebens u. s. w. von Natur aus eigen haben, als die Thierseele. Nun, diese Erleuchtungen gehen den Menschenseelen auch im Stande der gefallenen Natur nicht ab; Beweis dafür ist das gesammte menschheitliche Culturleben mit seinen auf Erhaltung und Pflege des leiblichen Seins und Wohlseins abzweckenden Einrichtungen, Künsten und Fertigkeiten, die auf eine im grossartigsten Massstabe betriebene Ausbeutung der gesammten sichtbaren Wirklichkeit für die Zwecke des sinnlich-leiblichen Zeitdaseins des Menschen gegründet sind. Diese Einrichtungen, Künste und Fertigkeiten

---

[1] Summ. theol. 1, qu. 99, art. 1.
[2] De an. V, 12.

beweisen doch sicher, dass die Menschenseelen in einem ungleich höheren Grade an jenem lumen primum participiren, als die Thierseele, die nach Wilhems Dafürhalten gleichfalls Irradiationen vom lumen primum empfängt, nach unserem Dafürhalten aber nicht empfangen kann, weil sie kein an sich seiendes Wesen, sondern eben nur die sinnliche Lebendigkeit jenes animalischen Organismus ist, den man Thier heisst, und der nichts anderes, als die individualisirte Ausprägung eines constitutiven Partialgliedes des Organismus der gesammten sichtbaren Naturwelt ist. Im Selbsterhaltungsstreben des Thieres wirkt die Macht des allgemeinen Naturgedankens, der in jeder Thierspecies auf bestimmte Weise individualisirt ist; der Mensch ist mehr und Höheres, als eine derartige particularisirte Individuirung des allgemeinen Naturgedankens, und die Sorge für die Erhaltung seiner irdisch-sinnlichen Leiblichheit ist für ihn nicht, wie für das Thier, das Höchste und Einzige, sondern das Unterste und Niederste, das sich zudem nicht auf sein inneres, unverlierbares Selbst, sondern auf den davon unterschiedenen verlierbaren sinnlichen Theil seiner irdischen Selbstigkeit bezieht. Eher wäre es angezeigt gewesen, auf die Frage einzugehen, warum der Mensch, obschon seiner Idee nach ein überthierisches Wesen, gleich allen thierischen Wesen dem Schmerze, der Krankheit und dem Tode anheimfallen konnte; dazu wäre aber nothwendig gewesen, auf den Unterschied zwischen der Idee des Menschen und dem zeitlich-irdischen Sein des Menschen einzugehen -- ein Unterschied und Gegensatz, der über jenen zwischen nichtgefallenen und gefallenen Menschen hinausgreift, und den Schlüssel für das Verständniss der in der kirchlichen Theologie unterschiedenen drei Stände der natura integra, lapsa, restituta in sich fasst.

Ein Grundmangel der Psychologie Wilhelms ist, dass sie, während sie doch die menschliche Seele allenthalben als Seele d. i. als ein nach dem Verhältniss derselben zu dem ihr eignenden Leibe zu verstehendes Wesen in's Auge fasst, dieses Verhältniss in Bezug auf das intellective Selbstleben der Seele nur insoweit zur Sprache bringt, als es hemmend und retardirend auf dasselbe einwirkt. Von der specifischen Tinctur und Artung des menschlichen Selbstlebens in Folge der Correspondenz und innerlichen Verwachsenheit des Seelischen und Leiblichen ist allüberall gar keine Rede: einerseits wird die Seele fast wie ein leibloses Engelwesen behandelt, andererseits wird sie wieder in excessivem Grade vom Leibe gedrückt gedacht, und ein mit der Idee der organischen Leiblichkeit nicht vereinbares Dienstbarkeitsverhältniss des Leibes als das Gesollte und Normale postulirt. Im Grunde ist das nicht zu verwundern; wenn man, statt nach der Idee des Menschen, nur nach dem Wesen der Seele fragt, und das Verhältniss derselben zum Leibe nur als ein nun einmal nicht abweisliches Accessorium ansieht, so muss es zu solchen Schiefheiten kommen, wie deren mehrere in dem voraus Gesagten dargelegt worden sind. So ist denn auch in der eschatologischen Partie der Schrift Wilhelms nur von der Seelenunsterblichkeit die Rede; die künftige Wiedervereinigung der Seele mit dem Körper wird zwar nebenhergehend auch festgehalten, aber kaum ein anderer Grund dafür ausfindig gemacht als dieser, dass die Seele, nachdem sie nun einmal auf und durch den Leib zu wirken befähiget ist, desselben auch im Vollendungsstande nicht entrathen soll. Sonst liegt das Hauptinteresse an der eschatologischen Frage für Wilhelm ausschliesslich in der Seelenunsterblichkeit. Der Leib kann sterben, die Seele nicht,[1] oder wenigstens nicht auf natürlichem Wege; ein Zugrundegehen der Seele wäre nur unter der Bedingung denkbar, dass die continuirliche göttliche Lebenseingeistung, durch welche die Seele im Sein erhalten wird, plötzlich stockte und aufhörte. Niemand also, als nur Gott selbst könnte die menschliche Seele vernichten; sie selber kann sich von der Quelle und dem Spender ihres Lebens nicht losreissen, und eben so wenig durch eine geschöpfliche Kraft davon losgerissen werden. Sofern einzig Gott als der Urlebendige das Leben in eigenster Wesenheit ist, ist es allerdings richtig, die fortdauernde Existenz der menschlichen Seele mit Wilhelm aus einer continuirlichen göttlichen Action zu erklären; aber es geht nicht an, Sein und Leben in der menschlichen Seele so zu trennen wie in demjenigen, was Leben hat, ohne selber Leben zu sein. Die Seele ist zufolge ihrer gottverwandten Natur Selbstleben, und wesenhaftes Bild des urlebendigen Ewigen, womit sich nicht

[1] De an. V, 25.

verträgt, dass sie je an ein zeitliches Ende ihrer Dauer gelange. Wenn nun dennoch eine continuirliche Action Gottes als absolute Bedingung ihrer Dauer postulirt wird, so kann diese continuirliche Action nur den Einen Act des Schaffens bedeuten, der als absoluter göttlicher Act ein unvergänglicher Act ist und als solcher niemals der Vergangenheit anheimfällt, und daher auch durch keinen entgegengesetzten göttlichen Act aufgehoben werden kann. Etwas anderes ist es um die ewige Beglückung der Seele in Gott; diese ist dem Begriffe und der Sache nach von der ewigen Dauer der selbstigen Seele verschieden, und involvirt eine durch die vollkommene Vereinigung der Seele mit Gott bedingte continuirliche Einströmung aus Gott als absoluter Quelle des seligen Lebens. Was der Christ das ewige Leben nennt, bezieht sich auf eine bestimmte Zuständlichkeit der ewigen Seelendauer, und bezeichnet die absolute Vollendung der Seele in Gott.

Das vorerwähnte Argument Wilhelms erhärtet eigentlich nur die Möglichkeit einer ewigen Seelendauer; die Denknothwendigkeit einer solchen Dauer vergewissert sich ihm aus der Befähigung der Seele zu einem unbegrenzten Fortschreiten in der Erkenntniss und in der Tugend. Freilich begründet auch diese Befähigung, wie Wilhelm selber fühlt, zunächst abermals nur die Fähigkeit einer ewigen Dauer, nicht diese sempiterne Dauer selber, es ist ihm jedoch undenkbar, dass jener Befähigung zu einem unbegrenzten Fortschreiten nicht auch ein wirkliches derartiges Fortschreiten entsprechen sollte, daher dann auch an der Wirklichkeit der Seelenunsterblichkeit nicht zu zweifeln sei. Wir müssen die philosophische Giltigkeit dieser Art von Beweisführung entschiedenst in Abrede stellen. Angenommen, Wilhelms Schlussfolgerung wäre vollkommen zwingend, so würde sie nur eine perpetuirliche Annäherung der Seele an ihr Ziel ohne Erreichung desselben beweisen ein Sein in unendlicher Zeit, aber nicht ein über die Zeit erhabenes Sein in ewiger Gegenwart. Die wirkliche Erreichung des absoluten Zieles ist, wie Wilhelm doch gewiss bestimmt überzeugt ist, die vollkommene Vereinigung der Seele mit Gott, wodurch die Seele über die Zeit emporgehoben wird. Diese Emporhebung der Seele aber über sich selbst und ihr natürliches Sein ist, wie Wilhelm abermals überzeugt ist, ein Werk

der göttlichen Gnade und Huld, woraus aber weiter folgen
würde, dass allen jenen Seelen, die entweder von dieser Huld
nichts wissen wollen oder keine Ueberzeugung von der Gewissheit ihrer Auserwählung zum ewigen Leben haben, die
Zuversicht auf eine unendliche Fortdauer abgesprochen werden müsste.

Wilhelm scheint die von uns aus seinem Unsterblichkeits-
beweise gezogene Consequenz, dass ein durch unendliches Fortschreiten zu erringendes Ziel eigentlich nie erreichbar sei,
durch eine andere, das früher Gesagte ergänzende Argumentation
abschneiden zu wollen. Die Seele strebt ihrer Natur nach
aufwärts,[1] und sucht ihren natürlichen Ruheort in einem geistig
zu verstehenden Oben, dessen entgegengesetztes Extrem Zerstörung und Elend als tiefstes Unten ist. Sie verabscheut und
flieht die Bewegung nach diesem Unten eben so entschieden,
als sie das entgegengesetzte Oben begehrt. Was die Seele mit
natürlicher Nothwendigkeit begehrt, muss sie auch zu erreichen
das Vermögen haben; also muss sie auch das Vermögen und
die Kraft haben, dem Tode und der Zerstörung zu entgehen.
Dieses Vermögen, die Zerstörung und den Tod von sich ab-
zuwenden, und ihr in entgegengesetzter Richtung gelegenes
Ziel anzustreben, wäre ihr jedoch umsonst verliehen, wenn sie
ihren natürlichen Ruheort nicht wirklich erreichte; also ist
die Seele unsterblich. Es ist nicht schwer zu erkennen, dass
dieses Argument an demselben Gebrechen leidet, wie das vorige;
es tritt wieder dieselbe Vermengung des philosophisch-rationalen
Unsterblichkeitsbegriffes, der sich einfach auf die Seelenfortdauer nach dem Leibestode bezieht, mit dem christlichen Unsterblichkeitsgedanken, der das selige Leben der an sich unvergänglichen Seele in Gott zum Inhalte hat, zu Tage. Ja
dieses neue philosophische Argument für die Seelenunsterblichkeit lässt die Folgerung zu, dass die Seele erst am Schlusse
jener Bewegung, deren Ziel ihr durch den Trieb nach Oben
eingesenkt ist, zur wirklichen Unvergänglichkeit gelange. Nicht
besser steht es um jenes Argument, in welchem [2] aus der Un-

---

[1] De an. VI, 13.
[2] De an. VI, 16.

aufhörlichkeit des Glückseligseins auf die Unaufhörlichkeit der das Glückseligsein begehrenden Seele geschlossen wird.

Wilhelm's philosophische Ueberzeugtheit von der Seelenunsterblichkeit ruht auf der seinem christlichen Bewusstsein feststehenden Ueberzeugung, dass der gegenwärtige Zustand des Menschen als Stand der gefallenen Natur nicht der normale, dem Wesen des Menschen gemässe Zustand, und demnach auch nicht für die Erörterung der Unsterblichkeitsfrage massgebend sei, ausgenommen insoferne, als er den gegenwärtigen Zustand der Seele als jenen einer Einkerkerung im sterblich gewordenen Leibe erscheinen lässt, dessen los zu werden, für die von ihm gedrückte Seele eine ersehnte Befreiung ist. Daraus ergibt sich dann die Seelenfortdauer nach dem Leibestode als eine sich von selber verstehende Sache. Der Mensch ist durch den Sündenfall der Sterblichkeit anheim gefallen; dieses Sterblichkeitsloos betrifft jedoch nur den Leib, nicht die vom Leibe unterschiedene Seele, deren Functionen über das Geschäft der Leibesbelebung unermesslich weit hinausgreifen. Die Seele leidet wohl auch an Krankheiten, wie der Leib;[1] aber diese Krankheiten können nicht das Sein der Seele zerstören, da sie nicht das esse, sondern bloss das bene esse der Seele betreffen. Wir wollen uns auf eine nähere Sondirung dieses Argumentes nicht einlassen; es scheint aber, dass, da auch jene Leibeskrankheiten, die nicht die Vorboten und Indicien des beginnenden Auflösungsprocesses sind, bloss das bene esse und nicht das esse des Leibes betreffen. Wilhelm jedenfalls das, was eben in Frage steht, hätte beweisen sollen, nämlich, dass die Seelen nicht gleich den Leibern von Todeskrankheiten ergriffen werden können.

Indess, Wilhelm nimmt in der That den Anlauf zu einer derartigen Nachweisung. Der Leib, heisst es bei ihm weiter,[2] wird durch bestimmte Dispositionen untauglich gemacht, die Lebenseinflüsse der Seele noch weiter zu recipiren, und fällt damit dem Tode anheim. An der Seele lässt sich nicht gleicher Weise eine Ursache des Sterbens aufzeigen, sei es, dass man sie als selbstlebend, oder dass man sie als von Gott belebt

[1] De an. VI, 14.
[2] Ibid.

ansehe. Selbstleben ist Selbstbewegung; was durch sich selber bewegt wird, bewegt sich immerfort, und hat darum, wie Plato im Phädon mit Recht sagt, sempiterne Dauer. Gesetzt aber, die Seele lebe durch fremde Influenz, so lässt sich aus dem Wesen der Seele zeigen, dass in ihr keine Zuständigkeiten solcher Art eintreten, welche dem Leibe die Empfänglichkeit für die Lebenseinflüsse der Seele benehmen; also muss sie immerfort leben. Die aus der gestellten Alternative herausleuchtende Unsicherheit in der Auffassung der Art des Lebendigseins der Seele lässt schon an sich den Werth der Beweisführung zweifelhaft erscheinen; jedenfalls kann sie nicht als strict und zwingend gelten, weil zwingende Gründe nur aus einer klaren und festen Grundbestimmung des Wesens der Seele abgeleitet werden können. Wilhelm zeigt aber nur, dass die Seele, man möge ihre Lebendigkeit in dieser oder in jener Weise fassen, nicht nach Art des Körpers sterben könne. Daraus folgt indess noch keineswegs, dass sie in keinerlei Art zu sein aufhören könne.

Der eigentliche Stützpunkt der Beweisführung Wilhelms für die Unsterblichkeit der menschlichen Seele ist das Geschaffensein derselben für Gott und zur innigsten Vereinigung mit Gott. Dieses Finalverhältniss der Seele muss natürlich durch ein ontologisches Grundverhältniss unterbaut sein; die Seele ist insofern zur innigsten Vereinigung mit Gott geeigenschaftet, sofern sie ihrem Wesen nach den Charakter der Gottebenbildlichkeit an sich trägt. Wilhelm kommt wirklich auch auf diesen Charakter zu sprechen,[1] entwickelt ihn aber nicht mit Rücksicht auf das rein philosophisch zu bestimmende Wesen des Einen überweltlichen Gottes als absoluter Geistigkeit und absoluter Allheit, sondern mit Beziehung auf die vom christlichen Glauben gelehrte Dreieinheit des göttlichen Wesens. Damit ist abermals die philosophische Ueberzeugung von der Seelenunsterblichkeit auf eine specifisch christliche Glaubensanschauung gestellt, rücksichtlich welcher natürlich Wilhelm nicht von ferne daran denkt, sie in das Licht einer speculativ evidenten Wahrheit zu rücken, obschon er es an analogischen Erläuterungen derselben nicht fehlen lässt. Aus den Tiefen

[1] De an. VII, 22.

des göttlichen Wesens geht ewig die ungeschaffene ewige Weisheit als Sohn und reinstes Ebenbild des göttlichen Vaters hervor. Auch die menschliche Seele ist darauf angelegt, Weisheit aus sich zu erzeugen, und in der Wahrheit sich zu vollenden; diess vermag sie aber nur, wenn sie zur Anschauung Gottes gelangt. Hier im zeitlichen Erdenleben erzeugt sie einzelne, theilweise Weisheitserkenntnisse aus sich, und bringt darunter leider auch nur zu viele geistige Fehlgeburten zur Welt. Also dann erst, wenn sie Gott anschauend vollkommen weise geworden ist und die vollendete Weisheit aus sich hervorzustellen gelernt haben wird, ist sie das vollkommene und wahrhaftige Ebenbild der die absolute Weisheit aus sich generativ hervorstellenden göttlichen Wesenheit, und das lebendige Bild des diese Weisheit darstellenden göttlichen Sohnes geworden. Sofern sie aber dann in innigster Gemeinschaft mit Gott zugleich von heiligster, unauslöschlicher und über alle Schilderung erhabener Liebe zu ihrem Schöpfer glüht, wird sie auch Bild und Gleichniss des heiligen Geistes sein, der den Flammenherd der göttlichen Liebe darstellt. Also, die in Erkenntniss und Liebe vollendete Seele ist das wahrhaftige und vollendete Abbild des dreieinigen Gottes; sie ist aber dann in Erkenntniss und Liebe vollendet, wenn sie zur seligen Anschauung Gottes erhoben ist, die selbstverständlich nur als ewige Anschauung gedacht werden kann. Was folgt nun hieraus in Ansehung der Unsterblichkeitsfrage? Etwa, dass die Seele ihrem Wesen nach unsterblich ist? Nicht diess, sondern dass sie zur Erlangung eines seligen unsterblichen Seins geschaffen ist. Muss sie aber ein solches Sein erlangen? Und wie dann, wenn sie es nicht erlangt und zur seligen Anschauung Gottes nicht gelangt? — Wilhelm hebt nebstdem noch ein paar andere psychologische Ternare hervor, um an ihnen zu zeigen, wie die Seele zum vollendeten Abbilde der göttlichen Dreieinheit sich vollenden soll. Diese Ternare sind: virtus intellectiva, concupiscibilis, irascibilis - Vita, sensus, affectus. Die vollendete virtus concupiscibilis ist vollende heilige Liebe, die vollendete virtus irascibilis erscheint in lauterer Güte verklärt. Der Ternar vita, sensus (Erkenntniss), affectus wird einfach in leicht zu errathender Weise zu den drei Hypostasen der göttlichen Dreieinheit in's Verhältniss gesetzt.

Besser und treffender als von Wilhelm, wird bei Albertus Magnus [1] die Unsterblichkeitsfrage mit der Lehre von der Gottebenbildlichkeit der Menschenseele in Verbindung gebracht. Die intellective Seele, die dem von den Eltern gezeugten lebendigen Plasma des Kindesleibes eingesenkt wird — lehrt Albertus M. — ist unmittelbar durch Gott selber gesetzt, da sich ihre Entstehung durch das Wirken der bei der Zeugung concurrirenden natürlichen Kräfte durchaus nicht erklären liesse. Da nun unmittelbar Gott selber die intellective Seele hervorbringt, und zwar auf eine vom Wirken der physischen Kräfte völlig verschiedene Art, so bleibt nichts übrig als anzunehmen, dass er sie ad modum et similitudinem suam propriam hervorbringe. Eben daraus aber, dass Gott unmittelbar selber sie setzen muss, folgt die über den Bereich der corruptiblen Körper erhabene Incorruptibilität ihres Wesens;[2] darum haben — fährt Albertus weiter fort — nach Alfarabi's Bemerkung einstimmig alle Denker die Wurzel der Unsterblichkeit im intellectus adeptus gesucht, sofern eben in diesem die Unabhängigkeit des Intellectus vom Körperlichen und Corruptiblen quoad esse, agere et pati sich bekundet. Auf der durch Albertus M. geschaffenen Grundlage eines speculativen christlichen Peripatetismus hat Thomas Aquinas in möglichster Vollständigkeit die Beweise für die Seelenunsterblichkeit entwickelt;[3] Duns Scotus bestritt die zwingende Ueberzeugungskraft dieser Argumentationen, und fand einzig in der christlichen Hoffnung des seligen Lebens eine vollkommene Verbürgung der Gewissheit der Seelenunsterblichkeit. Darin ist er nun offenbar viel zu weit gegangen, und ist namentlich dem von der peripatetischen Einkleidung unabhängigen speculativen Gehalt der von Thomas entwickelten Hauptgründe nicht gerecht geworden; seine Haltung in dieser Frage stellt indess gerade nur dasjenige ins Licht, was sich uns als eigentliches Ergebniss der von Wilhelm versuchten Beweisführung aufgewiesen hat — dass nämlich ein unspeculativer oder antispeculativer Christianis-

---

Summ. theol. P. II. tract. 12, qu. 73. mbr. 2.

Intellectus — sagt Albert l. c. — est incorruptibilis secundum esse et secundum agere et secundum pati.

Vgl. insbesondere des Thomas Aq. Summa contr. gent. II, c. 79.

mus für die philosophische Begründung des gemeinmenschlichen religiösen Unsterblichkeitsglaubens nicht aufzukommen vermag. Ein wahrhaft speculativer Gedanke ist es aber ganz gewiss, wenn Thomas die unvergängliche Dauer des menschlichen Seelenwesens aus der Fähigkeit der Seele, die Ideen der Dinge zu erfassen, folgert. Die intelligiblen Formen der Dinge — sagt Thomas — sind unvergänglich, weil sie in ihrer Allgemeinheit über alle Zeit erhaben sind; um so mehr muss jene Potenz unvergänglich sein, welche die Intelligibilien aus der Potenzialität in die Actualität ihres geistigen Seins überführt; denn, wie Aristoteles sagt: Faciens est honorabilius facto.

Zufolge der Aufgabe, die wir uns stellten, die psychologischen Anschauungen Wilhelms von Auvergne darzustellen, wollen wir ihm nicht weiter, als es für unseren Zweck nöthig ist, auf das Gebiet der Erkenntnisstheorie hinüberfolgen, und auch da nur zu dem Ende, um die Consequenzen seiner psychologischen Anschauungen auf diesem Gebiete zu beleuchten. Wilhelm glaubt [1] gegen die Aristoteliker erweisen zu sollen, dass die intellective Kraft der Seele, sofern sie rein und ungehemmt wirke, wie es im Stande der nicht verdorbenen Natur der Fall wäre, keineswegs auf die Wahrnehmung und Erkenntniss des Allgemeinen beschränkt, sondern auch das Besondere d. i. das Singuläre und Individuelle zu erkennen im Stande sei. Als Hauptgrund dessen wird angegeben, dass die intellective Seele doch vor Allem darauf angelegt sei, Gott zu erkennen, der im höchsten Grade singularis et individuus sei. Dieses Argument würde wohl für sich allein beweisen, dass man in Wilhelm keinen speculativen Denker vor sich habe: die wunderbare Einzigkeit Gottes mit der Singularität der Sinnendinge, die Individuität Gottes mit dem individualisirten Wesen der singulären Gattungsdinge in eine Classe zusammenwerfen, bleibt wohl hinter den allerbescheidensten Anforderungen an ein philosophisch gebildetes Denken zurück, und lässt die Befreundung der damaligen Theologie mit der aristotelischen Philosophie als ein wahres, innerstes Zeitbedürfniss erscheinen. Solchen Ansichten gegenüber, wie Wilhelm sie aussprach, handelte es sich wirklich vor Allem zuerst darum,

[1] De an. V, 17.

das universelle Wesen der göttlichen Essenz sowohl als auch der gottebenbildlichen Menschenseele, und den darin begründeten Unterschied und Gegensatz der geistigen Wesenheiten zur Particularität der Sinnendinge zum entschiedenen Bewusstsein zu bringen. Uebrigens sprach sich in dem Widerstreben Wilhelms gegen die Beschränkung des intellectiven Erkennens auf das Allgemeine immerhin das Gefühl eines Mangels in der aristotelischen Anschauung aus, die trotz ihrer entschiedenen Hinwendung auf das erfahrungsmässig Gegebene den Gedanken der concreten Wirklichkeit nicht wahrhaft zu erfassen vermochte, und zwar desshalb nicht, weil sie Dasein und Erscheinung des Concreten nur in der sinnlichen Wirklichkeit suchte, und demzufolge den Begriff des Concreten mit jenem der individuellen, sinnfälligen Körperlichkeit in Eins zusammenwarf. Das Gefühl dieses Mangels war es, welches Duns Scotus antrieb, sich gegen die auf peripatetische Grundlage gestützten erkenntnisstheoretischen Sätze des Thomas Aquinas kritisch-polemisch zu verhalten, und den Erweis zu liefern, dass der Intellect das Singuläre direct ergreife, und der Grund der Individuation der Sinnendinge nicht, wie Thomas annehme, in der Materie, sondern in der Häcceität oder im τόδε τι εἶναι des Dinges zu suchen sei. Damit war nun allerdings die Möglichkeit gewonnen, sich auch leiblose Engelwesen als concrete Existenzen zu denken; Duns Scotus konnte überdiess zufolge seiner Annahme, dass alles Creatürliche aus Materie und Form zusammengesetzt sei, den Begriff der Concretion im strengsten Sinne beim Engelwesen als einer Coalescenz aus Materie und Form zur Geltung bringen. Es liegt aber auf der Hand, dass unter Voraussetzung eines solchen Begriffes vom Concreten der Begriff einer concreten Existenz und Wesenheit auf Gott nicht anwendbar sei, da der Begriff Gottes als das ens universalissimum jede beschränkende Determination ausschliesst. Nun ist jedoch in der nachscholastischen Speculation gerade der Begriff der göttlichen Wesenheit als der absoluten Concretheit für das christlich-philosophische Interesse massgebend in den Vordergrund getreten; die absolute Concretheit fällt da mit der absoluten Persönlichkeit des überweltlichen Gottes zusammen. Dieser innere Zusammenhang der Idee des Concreten mit der Persönlichkeitsidee lag ausserhalb des Bereiches der scholastischen Speculation, welcher in ihrer abstract formalisirenden Tendenz die Persönlichkeitsidee überhaupt etwas völlig Fremdes war. Daher konnte auch dasjenige, was im concreten Bilden der Natur sich zum Ausdrucke bringt, nämlich das in den aufwärts steigenden Bildungsreihen der epitellurischen Wirklichkeit ausgesprochene Streben einer stets durchgebildeteren Individualisirung als Hindeutung und Annäherung an die Individuität des persönlichen Menschenwesens nicht verstanden werden. Das Menschenwesen hat das Princip seiner persönlichen Selbstigkeit in seinem persönlichen Formprincipe; demzufolge sind noch Wesen höherer Art denkbar, welche die absolute persönliche Selbstigkeit der göttlichen Wesenheit unmittelbar durch sich selber, und nicht bloss, wie der Mensch, zufolge eines ihm einwohnenden persönlichen Formprincipes seiner sinnlichen Leiblichkeit nachbilden. Die Engelwesen stellen demzufolge auch einen höher durchgebildeten Grad von Individuität und Concretheit dar, als der in der Ineinsbildung von Geistigem und Sinnlichem subsistirende Mensch. Die absolute Individuität und Concretheit wird aber jene der göttlichen Wesenheit sein, deren absolutes Sein jede Art von Getheiltheit und Zusammengesetztheit selbst schon für das blosse Denken ausschliesst, indem in ihr die absolute Allheit mit der absoluten Einheit zusammenfällt.

Diese absolute Coincidenz der absoluten Allheit mit der absoluten Einheit wird es denn auch sein, welche dem nach Thomas und den sonstigen scholastischen Peripatetikern auf das Allgemeine gerichteten menschlichen Intellecte das göttliche Wesen erfassbar und erkennbar macht. Der Gedanke dieser Coincidenz wird aber von Wilhelm so wenig erfasst, dass er vielmehr Gott an der vorerwähnten Stelle geradezu als Einzelwesen fasst[1] und daraus, dass die intellective Seele

[1] Verissime enim est, virtutem intellectivam puram atque liberam non ignorare particularia, si in ea cognoscenda intenderit. Alioquin, cum creator benedictus singularis et individuus sit in ultimitate singularitatis et individualitatis, prohibita esset virtus intellectiva humana impossibilitate naturali ab intellectu ipsius et cognitione intellectuali. Quapropter prohibita essent similiter omnes substantiae nobiles abstractae a cognitione singulari creatoris; similiter et animae coelorum non intelligerent intelligentias separatas nisi intellectione communi. De an. V. 17.

dieses Einzelwesen erkennt, die Folgerung zieht, es müsse ihr überhaupt eigen sein, wie das Allgemeine, so auch das Einzelne zu erkennen. Bei so beschaffener Auffassungsweise muss man wohl auch zweifeln, ob Wilhelm sich den Grund der intellectuellen Denkfähigkeit der Menschenseele, des geschöpflichen Ebenbildes der göttlichen Wesenheit klar zu machen, je das philosophische Bedürfniss empfunden habe; sein schon aufgewiesener spiritueller Sensismus scheint ihn dieses Bedürfnisses überhoben zu haben. Er erhebt nun allerdings gegen die ihm bekannte Lehre der Aristoteliker, dass der Intellect specifisch auf das Allgemeine gerichtet sei, den Einwand, dass unter dieser Voraussetzung Gott, der die absolute Intelligenz ist, die Einzeldinge nicht zu erkennen vermöchte. Darauf ist aber zu bemerken, dass Gott die sinnlichen Einzeldinge gewiss nicht so erkennt, wie wir sie erkennen; er denkt und erkennt sie aus der von ihm freiconcipirten Naturidee heraus als deren nothwendigen Inhalt. Die Erkenntniss dieses Inhaltes muss, so gewiss das Schaffen kein naturnothwendiger, sondern ein Act freiester Bewusstheit und reinster Freithätigkeit ist, bis in's Einzelnste und Kleinste gehen, und sich auf alle Modalitäten der auf Grund der göttlichen schöpferischen Setzung vor sich gehenden Entwickelung der geschaffenen Naturwirklichkeit beziehen. Da Gott das sichtbare Naturganze in seinem organischen Zusammenhange mit der Gesammtschöpfung denkt, und die Entwickelung der Gesammtschöpfung seinem vorausschauenden und vorausbestimmenden Denken und Wollen absolut unterstellt ist, so sind auch alle zufälligen Einwirkungen des Menschen auf die sichtbare Erdnatur in das vorschauende Wissen Gottes aufgenommen; es gibt kein noch so kleines und scheinbar unbedeutendes Geschehen, das für ihn erst dadurch, dass es sich vollzicht, zur Thatsache würde. Von diesem Gesichtspunkte aus betrachtet muss man allerdings die Anschauung, welche das intellectuelle Erkennen in Erfassung des Allgemeinen, des Generellen und Universellen bestehen lässt, für eine solche halten, welche den Anfängen des höher entwickelten philosophischen Denkens angehört, und wofern man bei ihr stehen bleiben wollte, nicht nur schlechthin unzureichend wäre, sondern auch eine Menge Schwierigkeiten schüfe, mit welchen ein religiös gläubiges Denken nicht fertig zu werden vermöchte. Wilhelm hebt jedoch nur diese Schwierigkeiten hervor, ohne das Wahre und Berechtigte an ihr zu würdigen, welches darin liegt, dass die menschliche Seele eine über die Getheiltheit, Diversität und Particularität des Sinnlichen hinausgestellte universelle Wesenheit sei, deren Charakter sich auch in der ihr specifisch eignenden Art des Erkennens bekunden müsse, mittelst dessen die Sinnendinge aus ihrer niederen sinnlichen Wirklichkeit in die Region einer höheren geistigen Wirklichkeit hinaufgehoben werden, in der sie als constitutive Glieder und integrirende Momente der in ihnen ausgedrückten und verwirklichten göttlichen Naturidee erkannt werden. Diese Einsicht auf Grund ihrer peripatetischen Hinterlage errungen zu haben, ist eine bleibende Leistung der thomistischen Speculation, und Wilhelm wäre allerdings darauf angewiesen gewesen, sich zu fragen, worin denn der specifische Unterschied zwischen dem thierischen und menschlichen Erkennen, oder, um seine Sprache zu reden, zwischen dem Erkennen der thierischen und der menschlichen Seele eigentlich begründet sei, oder woher es komme, dass, während das thierische Erkennen allüberall und durchgehends am Sinnlichen haftet, das menschliche Erkennen sich in den Bereich der über die Particularitäten und Diversitäten des Sinnlichen erhabenen Region des Uebersinnlichen zu erheben vermöge. Auch für die Erledigung der Unsterblichkeitsfrage wäre dieser von Wilhelm völlig beiseite gesetzte Punkt von Belang gewesen. Allerdings lässt sich aus der Fähigkeit der Seele, die Allgemeinbegriffe der Sinnendinge zu denken, noch nicht auf ihre Unsterblichkeit und Unvergänglichkeit schliessen, weil die einzelnen Sinnendinge und die einzelnen Species, unter welche die singulären Exemplare der Sinnendinge und Sinnenwesen gehören, im Verhältniss zum grossen Naturganzen von zu geringer Bedeutung sind, als dass die Fähigkeit, sich Begriffe von ihnen zu bilden, den Anspruch auf unvergängliche Dauer des Denkenden begründen sollte. Sind doch die Individuen und Species der Sinnendinge und Sinnenwesen selber vergänglich und veränderlich, so dass das ihre Begriffe erfassende Denken noch durchaus nicht etwas Bleibendes und Unvergängliches ergreift, somit auch nicht eine des Bleibenden und Unvergänglichen mächtige Denknatur bekundet, die selber der Unvergänglichkeit werth wäre. Aber die menschliche Seele ist fähig, auch den in der Gesammtheit der veränderlichen und vergänglichen Erscheinungen der sichtbaren Wirklichkeit sich explicirenden schöpferischen Gedanken zu erfassen und denselben in sich nachzudenken; diese ihre Fähigkeit bekundet in Wahrheit ihre Verwandtschaft mit dem Schöpfergeiste des Ewigen, und lässt mit Recht den Schluss auf die Unvergänglichkeit ihres eigenen Wesens zu. Ein Denkwesen, welches in sich selber die Gedanken des Ewigen nachzudenken vermag, kann nicht dem Bereiche der vergänglichen Weltwesen angehören, es muss in seinem Wesen etwas dem ewigen Schöpfer Verwandtes in sich haben — der ewige Schöpfergedanke kann nur von einem eines unsterblichen Selbstseins fähigen Denkwesen verstanden werden. In dieser Fassung hat nun allerdings die speculative Scholastik den Unsterblichkeitsgedanken niemals ergriffen, weil das sogenannte eigentliche Vernunftdenken und Vernunfterkennen oder das in Ideen sich vermittelnde Denken und Erkennen in ihr nur latent enthalten und von der vorwiegenden Richtung auf das Gegenständliche niedergehalten war; man wird ihr daher vom heutigen Entwickelungstande der philosophischen Bildung nicht den Charakter eines wirklich speculativen Denkens und Erkennens — wenigstens nicht förmlich und schlechthin — sondern nur jenen einer geschichtlichen Vorstufe dieser wesentlich neuzeitlichen Art des philosophischen Denkens und Erkennens zugestehen können. Wilhelms Denken aber ist noch nicht einmal in diese durch Albert und Thomas entwickelte Vorstufe eingerückt; er weiss die aus Augustinus entlehnten Elemente seiner psychologischen und erkenntnisstheoretischen Anschauungen mit den über sein Zeitalter hereinbrechenden Strömungen speculativer Peripatetik nicht zu vermitteln. Die Seele für eine universale Essenz zu halten, scheint ihm mit der Thatsache des menschlichen Selbstbewusstseins unvereinbar;[1] die Seele ist wie jedes denkfähige Wesen substantia prima d. i. individua et singularis, nicht aber substantia secunda d. h. nicht Allgemeinbegriff wie der Artbegriff Mensch oder der Gattungsbegriff Thier, welchem noch nie jemand Denken oder Selbstdenken beigelegt habe. Man kann

[1] De an. V, 17.

übrigens der consequenten Festhaltung seines intellectuellen Sensismus eine gewisse Anerkennung nicht versagen. Die ewige Seligkeit ist bedroht, meint Wilhelm, wenn die menschliche Seele darauf angewiesen ist, dereinst im Anschauen allgemeiner Gedanken ihre Befriedigung zu finden; als ob die ewigen Ideen, in deren Anschauung die Seligen versenkt sind, abstracte Schemen wären, an deren Betrachtung sich zu langweilen den jenseitigen Seelen zugemuthet werde! Sinn und Erfahrung, fährt er weiter, sind die Quellen der Ergötzung und Erquickung; nun denn, es gibt auch einen geistigen Idealsinn, und es gibt Freuden, die aus der inneren, durch grossartige Anschauungen und ideelle Tiefblicke gewonnenen inneren Erhebung geschöpft werden, die schon im zeitlichen Leben als die beglückendsten aller Erfahrungen empfunden werden. Stammt nicht alle Begeisterung aus Ideen? Und soll die ewige Glückseligkeit nicht ihren unerschöpflichen Quell in jenen geistigen Erhebungen haben, die den zur Anschauung Gottes Gelangten in der unbegrenzten Reihe der in Gott als absoluter Allheit sich erschliessenden Ideen als eine endlose Aufeinanderfolge von Tagen lichtester, freudigster Erkenntniss aufgehen?

Ziehen wir die Schlusssumme aus unseren bisherigen Anführungen und Auseinandersetzungen, so ergibt sich als unzweifelhaftes Resultat für Wilhelms Zeitalter ein Zustand philosophischer Bildung, der die nachfolgenden Bemühungen der peripatetisch geschulten theologischen Summisten des 13. Jahrhunderts als ein Bedürfniss für jene Zeit, und die Errungenschaften jener Bemühungen als einen wirklichen geistigen Fortschritt erkennen lässt. Mag man über die peripatetische Scholastik des Mittelalters wie immer denken, Schule und Methode, encyclopädische Ueberschau und systematische Zusammenfassung des in irgend einem Zeitalter Gedachten und Gewussten bleiben immer die ersten und fundamentalsten Bedingungen eines geordneten und geregelten Erkenntnissstrebens und Wissenschaftsbetriebes; unser Tractat de anima aber, der am Eingange des 13. Jahrhunderts steht, ist durch sich selber ein lebendiges Zeugniss dessen, dass es dazumal an dem Genannten noch merklich fehlte, und ein durchgreifendes Medium und Vehikel tüchtiger Denkschulung noch nicht aufgebracht war. Die Psychologie im Besonderen anbelangend, lässt sich

mit gutem Grunde sagen, dass dieselbe vor der näheren und
genaueren Befreundung mit den aristotelischen Schriften als
methodisch geregelte Schuldisciplin und systematische Zusammenfassung aller auf Wesen und Leben der Seele bezüglichen
Erörterungen noch nicht vorhanden war, und als solche erst
aus der Commentirung der einschlägigen aristotelischen Studien
erwuchs. Dass die auf diesem Wege zu Stande gekommene
Schulpsychologie nicht den Charakter eines lebendigen Erfahrungswissens hatte, und ganz und gar nur auf dem Grunde
der allgemeinen kosmologischen Begriffe und Anschauungen
der aristotelischen Philosophie stand, ist unbedenklich zuzugeben. Diese Behandlungsart genügte aber für ein Zeitalter,
in welchem Sinn und Bedürfniss für eine lebensvollere Auffassung und Darstellungsweise noch nicht erwacht, und auch
jene Forschungszweige noch nicht aufgeschlossen waren, deren
Betrieb durch sich selbst dahin drängte, das psychologische
Gebiet als ein selbstständiges und in sich geschlossenes Forschungsgebiet von jenen anderen, denen sie bis dahin eingegliedert war, distincter abzuscheiden und auf den Grund der
inneren Selbsterfahrung als Quelle der eigenartigen Erkenntnisse
der Psychologie zu stellen. Die scholastische Psychologie hatte
vorwiegend einen metaphysisch abstracten Charakter; es handelte sich in ihr vornehmlich darum, den Wesensbegriff der
Seele mit Rücksicht auf deren Verhältniss zu Gott und zur
Ordnung der sichtbaren und unsichtbaren Dinge, sowie zu dem
ihr eignenden Leibe richtig zu bestimmen. Damit war ihre
Aufgabe erschöpft, die nach ihrer ganzen Art und Beschaffenheit nur auf Grundlage eines als gemeingiltig recipirten philosophischen Weltbegriffes gelöst werden konnte. Als solcher
galt aber für jene Zeit der christlich rectificirte aristotelische
Weltbegriff als gereiftestes Resultat der antiken philosophischen
Kosmologie. Demzufolge ist es von selber klar, dass das auf
einem ganz unfertigen Weltbegriffe ruhende und schon darum
unvollständig und lückenhaft ausgefallene Unternehmen Wilhelms rasch überholt und in seinem Stemmen gegen den Zug
der machtvoll hereinbrechenden geistigen Strömung einfach bei
Seite geschoben wurde. Es lassen sich allerdings in Albert's
und Thomas' Werken Spuren einer Berücksichtigung der Schrift
Wilhelms aufweisen, aber nur in jener Weise, dass verfehlte

Annahmen und Aeusserungen derselben mit Verschweigung des Namens ihres Urhebers widerlegt oder berichtigt werden. Später folgende scholastische Autoren kamen auf sie gar nicht mehr zurück. So sehr war Wilhelms Schrift de anima in den nachfolgenden Jahrhunderten vergessen, dass sie in den älteren Druckausgaben seiner Werke völlig fehlte, und erst im Supplementbande der letzten Ausgabe, jener vom Jahre 1674, nebst einigen anderen bis dahin unedirt gebliebenen Arbeiten Wilhelms als neu entdeckter handschriftlicher Fund veröffentlichet wurde; die Autorschaft Wilhelms aber, ja überhaupt die Thatsache, dass Wilhelm eine Schrift de anima abgefasst, vermag der Herausgeber nur durch die aus anderen Schriften Wilhelms, namentlich jener de Universo geschöpften Belege zu erhärten — Beweis genug, dass ihm anderweitige Belege aus Zeugnissen oder Anführungen mittelalterlicher Autoren nicht zu Gebote standen.